고지마 히로유키 지음
나기사와 나오 그림
오시연 옮김

만화로
아주 쉽게 배우는
통계학
Statistics

MANGA DE YASASHIKU WAKARU TOKEIGAKU
by KOJIMA Hiroyuki(author), KATSURAGI Kaede(scenario), NAGISAWA Nao(illustration)
Copyright © 2017 KOJIMA Hiroyuki
All rights reserved.
Originally published in Japan by NIHON NORITSU KYOKAI MANAGEMENT CENTER, Tokyo.
Korean translation rights arranged with JMA MANAGEMENT CENTER INC., Japan
through THE SAKAI AGENCY and EntersKorea Co., Ltd.

이 책의 한국어판 저작권은 ㈜엔터스코리아를 통해 저작권자와 독점 계약한 지상사에 있습니다.
저작권법에 의해 한국 내에서 보호를 받는 저작물이므로 무단전재와 무단복제를 금합니다.

서문
통계학에 강해진다, 비즈니스에 활용한다

요즘 통계학에 대한 관심이 뜨겁다. 특히 비즈니스에서 통계학은 필수 항목으로 자리 잡았다. 그 배경에는 시장 동향을 과학적으로 판단하기 위해 비즈니스에 마케팅이라는 기법을 도입한 미국 기업들이 많다. 마케팅은 소비자의 선호(preference)를 파악하는 것이 가장 중요하다. 마케터는 통계학을 이용하여 시장조사를 하고 상품을 기획한 뒤 판매 전략을 세운다. 이는 통계학을 근거로 한 완전히 과학적인 기법이다. 놀랍게도 소비자 동향에는 과학적 법칙이 존재하고 통계학을 활용하면 그것들을 특정 지을 수 있다.

그런 미국 기업들의 전략을 보고 비즈니스 통계학을 꼭 배워야겠다는 생각을 하기 시작했다.

하지만 안타깝게도 통계학 서적은 학술적인 면만 강조할 뿐 비즈니스 분야를 고려하지 않는다. 학자가 되고 싶은 사람이 배우기엔 좋지만 비즈니스에 활용할 목적으로 책을 펼치면 「어느 세월」이라는 느낌이 들 것이다.

더욱 곤란한 것은 이 책들은 고등학교 수준 이상의 수학을 알고 있다는 전제로 쓰여 있다는 점이다. 그래서 보통 사람이 책을 펼치면 「어렵고 뭔가 목적에 맞지 않다」는 이중고에 괴로워하게 된다.

이 책은 그 곤란함을 극복하기 위해 두 가지 방법을 썼다.

첫째, 스토리가 있는 만화를 이용해 비즈니스에 초점을 맞추는 것이다. 「만화 통계학」이라는 제목의 책은 이제까지도 많이 출간되었지만 대부분 등장인물이 통계학을 강의하는 내용이지 통계학 자체에 대한 이야기는 나오지 않았다.

그러나 이 책은 등장인물들이 통계학을 실제 비즈니스에 활용한다는 줄거리를 따라간다. 비즈니스 내용도 「상가를 재건한다」는 일상적이고 현실적인 소재를 다룬다.

둘째, 어려운 수학 내용을 도표로 표현했다. 책장을 넘겨보면 알겠지만 통계학 수식을 다양한 도표를 이용하여 설명했다. 특히 추리통계의 본질이자 가장 이해하기 힘든 무한모집단을 「뽑기 상자」라는 도표로 구체화한 것은 이 책의 간판급 설명 방식이다. 먼저 만화로 내용을 설명하고 그에 이어 본문에서 도표를 활용하는 방법이 독자가 이해하는 데 도움을 줄 것이라고 자부한다.

그러면 이 책의 내용을 좀 더 구체적으로 소개한다.

통계학에는 기술통계와 추리통계가 있다. 기술통계는 데이터에서 그 특징을 잡아내는 기법이다. 한편 추리통계는 기술통계의 계산 방법과 확률 이론을 조합하여 「데이터의 이면에 있는 확률적 구조」를 파악하는 기법이다.

　데이터는 숫자를 나열한 것에 불과하다. 이 숫자들을 보고 특징을 파악하거나 비밀을 간파할 수 있는 사람은 그리 많지 않다. 이러한 문제를 해결하여 누구나「간파」할 수 있게끔 하는 것이 기술통계다. 약간의 계산으로 누구나 쉽게「간파 비법」을 배울 수 있다.

　가장 중요한 비법은 표준편차라는 계산이다. 제1장의 만화에서 주인공은 표준편차를 이용하여 자신의 실수를 깨닫는다. 제1장의 해설 부분에서는 표준편차를 계산하는 방법과 그 의미, 사용법을 자세히 설명한다. 표준편차에 많은 페이지를 할애하는 것이 이 책의 주요 특징이다.

　제2장에서는 정규분포를 다룬다. 정규분포는 추리통계를 뒷받침하는 중요한 요소이지만 난이도가 높은 수학이 나오기 때문이 많은 사람이 여기서 통계학 공부를 포기한다.

　이 책은 독자가 중도에 포기하지 않도록 먼저 만화 내용에서 대체적인 윤곽을 제공한다. 그런 다음 본문에서「뽑기 상자」도표를 등장시킨다. 이 이미지는 이 책만의 고유한 특징이다. 이 이미지를 체득한다면 이 책뿐 아니라 더 수준 높은 책도 훨씬 쉽게 이해할 수 있을 것이다.

　제3장에서는 추리통계의 기본 중의 기본인 가설검정을 다룬다. 가설검정이란「가설을 세워서 데이터로 그 가설의 맞고 틀림을 판단하는 기

법」이다. 이 책에서는 만화의 주인공이 가설검정 기법을 이용하여 상가가 어려움에 처하게 된 근본 원인을 파헤친다. 그리고 만화에서 생략된 계산 부분을 본문에서 자세히 설명한다.

이 책의 해설 부분의 특징은 「가설검정의 배후에 있는 논리」를 상세하게 설명하는 데 있다. 가설검정을 하는 방법 자체는 그리 어렵지 않지만 많은 통계학 책은 「왜 그렇게 하는지」 설명해주지 않는다. 그래서 사람들은 어딘가 석연치 않은 기분을 느낀다. 이 책에서는 그 점을 「끝까지」 파헤친다. 여기서도 뽑기 상자가 활약한다.

제4장은 구간추정을 다룬다. 구간추정은 「어느 한 점을 추정하면 적중하기 어려우므로 폭을 설정하여 추정하는」 지극히 당연한 추정방법으로 만화에서도 주인공이 최종 결정을 내릴 때 사용한다.

「당연하다」라고 했지만 폭을 너무 넓게 가져가면 효용성이 없으므로 한계를 정해야 한다. 그러기 위해 도입된 것이 「95% 신뢰구간」이라는 사고방식이다. 그러나 이 「95%」의 「95」가 무엇인지 처음 공부하는 사람은 종종 오해를 한다. 이 책은 그 점을 가설검정과 연관 지어서 정확하게 설명한다.

이 정도만 배우면 추리통계의 근간을 이루는 「사고」를 독자도 충분히 이해할 수 있을 것이다.

이상의 가설검정과 구간추정을 습득한다면 통계학의 본질을 이해했다고 할 수 있다.

물론 통계학에는 그 외의 다양한 계산법과 추정방법이 있지만 그것들은 다른 종류의 확률 이론을 적용했을 뿐, 발상 자체는 동일하다. 그러므로 그 외의 계산법과 추정법을 다른 책으로 공부할 때에도 이 책의 내용이 직접적으로 도움이 될 것이다.

그러면 여러분, 사랑스러운 동방지수(이 책의 주인공)와 함께 통계학 여행을 떠나보자!

만화로 아주 쉽게 배우는 통계학 목차

서문
통계학에 강해진다, 비즈니스에 활용한다 ················· 3

프롤로그 통계학이란
STORY0　감으로 정하는 게 어때서!? ················· 14

■ **통계학은 비즈니스의 필수 항목** ················· 28
  • 통계학을 이용해 검증한다 ················· 29
  • 주관에서 객관을 도출하는 도구 ················· 31
■ **기술통계와 추리통계** ················· 32
■ **통계학의 필수 요소인 히스토그램을 분석하는 기술** ················· 34
  • 「들쭉날쭉」이 의미하는 것 ················· 36

제1장　평균과 표준편차
～ 데이터의 비밀을 파헤치다 ～

STORY1　데이터를 수집하라! ················· 40

■ **데이터의 대푯값──평균값을 계산한다** ················· 64
  • 대표적인 수를 추출한다 ················· 66
■ **평균값은 무엇을 의미하는가** ················· 68
■ **퍼져 있거나 흩어져 있는 정도를 나타내는 지표 ～ 표준편차 ～** ················· 70
  • 표준편차란? ················· 71
  • 표준편차 계산 ················· 72
  • 편차는 무엇을 나타내는가 ················· 73
  • 「편차를 제곱한 수」의 평균값 ～ 분산 ～ ················· 74

- 분산과 표준편차 ··· 76
  - 데이터의 흩어졌거나 퍼진 정도를 대표하는 지표 ·············· 77
- ■ 표준편차의 의미를 이해한다 ··· 80
- ■ 표준화로「특별함」을 찾는다 ··· 83
  - 표준화를 하면「특별함」을 찾을 수 있다 ························· 86
  - 표준화의 더 중요한 사용법 ··· 86
  - 「특별」한지「평범」한지 판단한다 ······································ 88

COLUMN
통계학자가 유심히 살펴보는 부분 ·· 90

제2장 정규분포
~ 통계학의 보스를 공략한다 ~

STORY2   상가와 모퉁이와 히스토그램 ······································ 94

■ 추리통계의 입구──모집단을 이해한다 ··································· 116
  - 모집단이란 ·· 117
  - 유한모집단의 예 ·· 118
  - 무한모집단은 뽑기 상자 ··· 120
  - 확률분포를 도표로 나타낸다 ·· 122

■ 모평균, 모분산, 모표준편차 계산 ·· 125
  - 모분산과 모표준편차를 계산하는 방법 ··························· 129
  - 모표준편차는 무엇을 나타내는가 ··································· 131

■ 정규모집단은 통계학의 보스 ··· 133
  - 정규모집단의 표준모델 ~ 표준정규모집단 ~ ················· 133
  - 일반적인 정규모집단은 표준정규모집단을 가공한 것이다 ··· 137

- μ와 σ의 역할 ·· 139
- 「일반」을 「표준」으로 가공하는 표준화 ·· 141
- 표준정규모집단이 포인트 ·· 142
- 표준편차의 2배에 주목하는 이유 ·· 143

■ 모분산과 모표준편차의 법칙 ·· 144

제3장 가설검정
～ 데이터로 가설의 성립 여부를 판단한다 ～

STORY3 상가 최대의 위기 ·· 148

■ 데이터 이면에 있는 모집단을 예상한다——추리통계 입문 ············ 170
- 추리통계 세팅 ·· 170
- 통계적 추정은 일상에도 있다 ·· 172

■ 통계적 추정과 확률의 순문제 · 역문제 ·· 173
- 가설검정의 핵심 비법 ·· 175
- 확률이 역문제를 순문제로 고친다 ·· 176

■ 정규모집단 모평균의 가설검정 ·· 177
- 5%의 확률 ～ 유의수준 ～ ·· 179
- 삼각 김밥의 가설검정을 풀어보자 ·· 179
- 「5%」가 의미하는 것 ·· 183

■ 복수의 표본을 이용해 가설검정을 하려면? ································ 186
- 뽑기 상자 2개를 혼합한다 ·· 188
- 정규모집단의 혼합법칙 ·· 190
- 표본평균의 확률법칙 ·· 191

■ 정규모집단 표본평균의 확률법칙 ·· 194

■ 차의 검정 ·· 197

제4장 구간추정
~ 안전한 예측을 한다 ~

STORY4 먼지가 이 마을을 구한다고? ································ 204

■ 구간추정은 이른바 「박스 구매」 ·· 226
　• 폭을 설정하여 안전성을 보장한다 ······························· 227
　• 어떤 p를 유지하는가 ·· 228
　• 95% 신뢰구간 ··· 230

■ 구간추정을 계산해보자 ·· 232
　• 구간추정으로 무엇을 알 수 있는가 ····························· 235

■ 구간추정과 가설검정은 동전 앞뒷면의 관계 ···················· 238

■ 「95%」가 의미하는 것 ·· 241

■ 통계적 추정의 핵심을 알다 ·· 244

Epilogue
한 발자국 앞으로 ·· 246

후기
통계학을 좀 더 깊이 알고 싶은 분에게 ····························· 250

프롤로그

통계학이란

1장 평균과 표준편차 ~데이터의 비밀을 파헤치다~

2장 정규분포 ~통계학의 보스를 공략한다~

3장 가설검정 ~데이터로 가설의 성립 여부를 판단한다~

4장 구간추정 ~안전한 예측을 한다~

네 말대로 메뉴를
줄였더니 매상이 더
떨어졌잖아!
왜지…
잘 먹었습니다
감사합니다
쓰윽…
장내세균은
모둠정식
올리고당은 다른
메뉴
중얼
중얼
즉 올리고당은 그 자체가 아니라
장내세균을 활성화시키기 위한
에너지 역할로 도움이 되는 거로군
네?
감에 의존했으니
힐끔
후후…
당연한 결과지

통계학은 비즈니스의 필수 항목

비즈니스를 하려면 고객과 시장 동향을 항상 피부로 느끼며 전략을 짜야 한다. 그럴 때 산전수전을 겪은 베테랑이라면 「전문가의 감」으로 정답을 맞힐 수 있을지도 모른다.

그러나 만화 속의 지수처럼 경험이 그리 풍부하지 못한 중견 사원이나 신입 사원이 어떤 일을 감으로 판단하고 행동하는 것은 위험한 일이다. 자칫 예상치 못한 함정에 빠질 수도 있다.

또 「전문가의 감」이라는 것은 전달하거나 공유할 수 없다. 그 노하우는 그 사람만 알 수 있기 때문이다.

그럴 때 「전문가의 감」을 대체할 수 있는 것이 있다. 그것이 「**숫자에 의한 검증**」이다. **「숫자」는 객관적이며 거짓말을 하지 않는다. 또한 숫자를 모르는 사람은 거의 없으므로 숫자를 이용해 어떤 사실을 공유할 수도 있다.**

다만 「숫자」로 어떤 사실을 도출하려면 그에 맞는 특정한 기술이 필요하다.

그 기술을 노하우화한 것이 **통계학**이다.

「숫자」에서 사실을 도출하는 과정을 간략하게 말하자면 이렇게 단계별로 정리할 수 있다.

이제부터 그 과정을 간단한 예시와 함께 설명하겠다.

도표-1 | 숫자에서 사실을 도출하는 단계

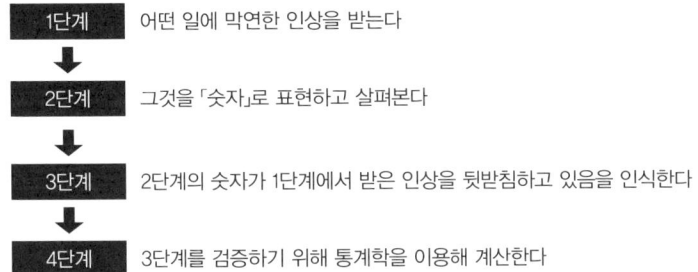

1단계 — 어떤 일에 막연한 인상을 받는다
2단계 — 그것을 「숫자」로 표현하고 살펴본다
3단계 — 2단계의 숫자가 1단계에서 받은 인상을 뒷받침하고 있음을 인식한다
4단계 — 3단계를 검증하기 위해 통계학을 이용해 계산한다

■ 통계학을 이용해 검증한다

당신이 동방레스토랑의 주인이라고 하자.

어느 날, 손님에게 주문을 받을 때 「비가 오는 날에는 모둠정식 주문이 많은 것 같다」라는 인상을 받았다.

이것이 **1단계**다.

하지만 이것은 단순히 인상일 뿐이고 이를 받쳐줄 탄탄한 근거를 찾아야 한다. 이 작업은 무척 큰 가치를 갖고 있다.

만약 당신이 받은 인상이 사실이라면 비가 올 것 같은 날에 모둠정식을 많이 만들어 놓음으로써 고객의 요구에 잘 대응할 수 있기 때문이다. 또 무엇을 주문할지 망설이는 고객에게 모둠정식을 적극적으로 권함으로써 가게의 평판을 높일 수도 있다.

그래서 당신은 이 발견이 사실인지 확인하기 위해 한 달간 고객의 주문 내용과 날씨를 기록하기로 했다.

이것이 **2단계**다.

이렇게 기록된 숫자는 당연히 그날그날 다르다. 그 숫자들을 비가 온 날과 오지 않은 날로 나누어 봤더니 비가 오는 날에 모둠정식 주문이 많아 보였다.

이것이 **3단계**다.

그래도 아직 확신할 수는 없다. 당신은 비가 오는 날과 그렇지 않은 날, 각각 모둠정식의 주문수를 합계한 다음, 일수로 나누어보았다.

이것이 **4단계**다.

이때 당신은 「**평균값**」이라는 통계학 지표를 이용한 것이다. 비가 오는 날의 평균값이 그렇지 않은 날의 평균값보다 눈에 띄게 크다면 당신의 발견이 맞았다고 판단할 수 있다.

■ 주관에서 객관을 도출하는 도구

1단계는 「**어떤 경향을 인상으로 받아들이는**」 단계다. 위의 사례에서는 「비 오는 날에 사람들은 모둠정식을 많이 먹는다」는 일종의 경험치를 알아차렸다.

그리고 2단계는 경험치를 숫자로 옮기기 위해 「**현상을 수치화**」했다. 이것은 「**주관에서 객관으로**」 옮겨지는 중대한 과정이다.

여기서 「인상」이라는 주관과 「수치」라는 객관을 연결시켜야 한다. 「인상」은 말로 표현된 것이고 「수치」는 수로 표현된 것인데, 이렇게 다른 종류의 정보를 연관지어야 한다. 이것은 얼핏 간단해 보이지만 실제로는 많이 해보지 않으면 생각보다 어렵다.

가장 중요한 것은 마지막 4단계다. 3단계에서 멈추면 현상은 단순히 「제각각인 숫자들의 나열」에 그치고 만다. **제각각인 숫자들에는 종종 「불순물」이 섞여 있다.** 식당에서 메뉴를 주문할 때는 날씨 이외에도 계절이나 유행, 행사 등 여러 요소의 영향을 받기 때문이다.

그러므로 「숫자들의 나열」에서 가능한 한 그 불순물을 제거해야 한다. 그것을 실현하는 것이 여기 나오는 「평균값」이다.

 흐음, 평균값은 꽤 편리한 방법이네요. 통계학은 어렵고 일상생활과 전혀 관계가 없다고 생각했었는데.

 통계학은 예로부터 인간이 평소에 해온 「숫자에 의한 추리」를 과학으로 승격시킨 거야. 그래서 일상생활에 요긴하게 쓰이지.

 그렇구나!

 「과학」의 영역에 속하려면 정당성이 담보된 방법이 있어야 하고 그러려면 다소 수학적인 계산을 피할 순 없어. 그래서 보통 사람들은 통계학이 어렵다고 생각하지. 하지만 조작하기 어렵기는 컴퓨터나 자동차도 마찬가지잖아. 그렇게 생각하면 일단 조작법만 익히면 얼마나 편리할지 상상이 가지?

기술통계와 추리통계

4가지 단계 중에서 4단계 「평균값」을 계산한 기법을 **「기술(記述)통계」**라고 한다.

기술통계는 **데이터로 얻은 숫자들 속에 숨어 있는 「특성」을 도드라지게 하는 계산 방법**이다.

「평균값」은 기술통계에서 **「통계량」**이라고 불린다. 통계량이란 데이터의 특성을 하나의 숫자로 나타내는 지표를 말한다.

통계량에는 「평균값」 외에도 「분산」이나 「표준편차」, 「공분산」, 「상관계수」 등 다양한 지표가 있는데, 이 책에서는 **「평균값」**과 **「분산」**, **「표준편차」**라는 3가지 지표만 다루겠다.

통계량은 기술통계에서 「나열된 숫자들」 속에 숨어 있는 특성을 부각시키는 역할을 하므로 기술통계만 알아도 현상의 본질을 파악하는 능력이 상당히 향상된다. 「주관」에서 「객관」으로 이행할 수 있기 때문이다.

여기에 「과학성」을 추가하고 싶다면 확률 이론의 힘을 빌려야 한다. 그것이 **추리통계**라는 기법이다.

동방레스토랑의 예를 다시 한 번 생각해 보자.

4단계에서 모둠정식의 주문수 중 비 오는 날의 평균값과 그렇지 않은 날의 평균값을 비교했다. 여기서 실제로 비 오는 날의 평균값이 더 컸다고 하자.

하지만 여기서「비 오는 날의 고객은 모둠정식을 먹고 싶어 한다」는 결론을 내리는 것은 성급한 행동이다. 평균값의 차이는「단순한 우연」의 소산일 수도 있기 때문이다.

예를 들어 빨간 주사위와 흰 주사위 2개를 동시에 던져서 빨간 주사위의 숫자가 흰 주사위보다 크게 나왔다고 하자. 이때「빨강이 하양보다 큰 숫자가 잘 나온다」라고 결론을 내릴 순 없을 것이다. 빨간 주사위의 숫자가 더 큰 것은「단순한 우연」,「어쩌다」일 뿐이다.

좀 더 과학적인 판단을 하려면 모둠정식에 관해 **적절한 확률 구조를 설정하여「두 평균값의 차이가 우연인지 필연인지」판단해야 한다.** 추리통계는 그것을 가능하게 한다.

기술통계와 추리통계에 대해서는 순차적으로 자세히 설명할 예정이다. 여기서는 통계학 기법이 크게 기술통계와 추리통계로 나뉜다는 것만 알아두자.

도표-2 | 기술통계와 추리통계

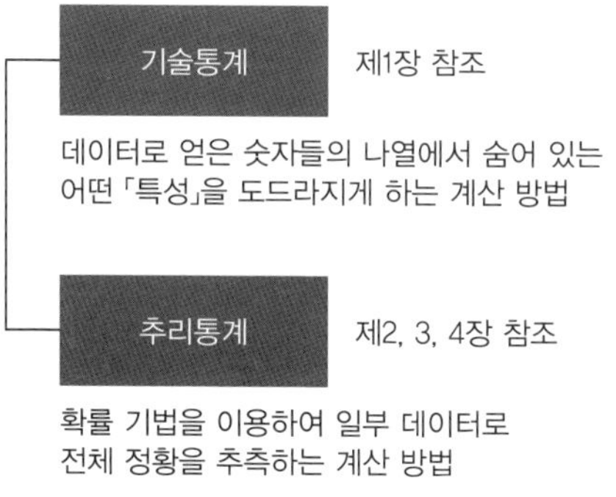

기술통계   제1장 참조
데이터로 얻은 숫자들의 나열에서 숨어 있는
어떤「특성」을 도드라지게 하는 계산 방법

추리통계   제2, 3, 4장 참조
확률 기법을 이용하여 일부 데이터로
전체 정황을 추측하는 계산 방법

통계학의 필수 요소인 히스토그램을 분석하는 기술

다음 장부터 드디어 기술통계 내용을 살펴보게 된다. 그런데 통계적 기법을 배우려면 먼저 히스토그램을 읽는 방법을 익혀야 한다.

이 책에도 히스토그램이 여러 번 나오므로 히스토그램을 읽는 법을 알아두자.

히스토그램은 [도표-3]처럼 **데이터 분포를 도형으로 나타낸 것**이다.
데이터의 특징을 하나의 수치로 표현한 것을 통계량이라 한다고 했다.

통계량을 잘 알게 되면 히스토그램이 없어도 괜찮다. 그러나 통계량을 이해하는 과정에서는 히스토그램이 큰 도움이 된다. 또 통계량을 습득한 뒤에도 머릿속으로 히스토그램을 떠올리면 쉽게 이해할 수 있다.

[프롤로그] 통계학이란

도표-3 | 모둠정식의 1개월간 주문횟수 (비가 오지 않은 날)

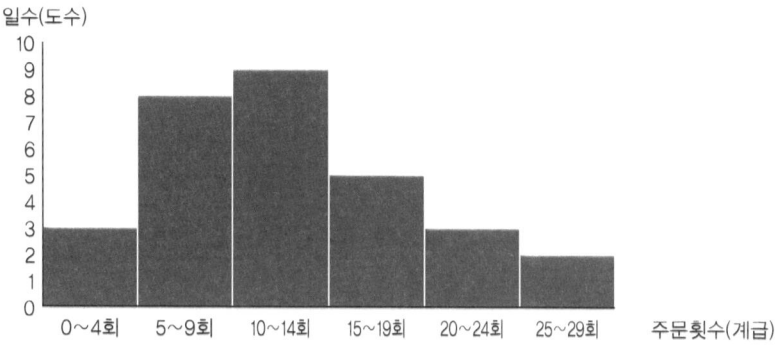

[도표-3]의 모둠정식의 1개월간 주문수를 예로 들어 히스토그램을 보는 법을 살펴보자.

[도표-3]을 보며 다음 설명을 읽어보자.

일반적으로 히스토그램에서 가로축은 「관측된 데이터의 수치를 일정한 구간으로 자른 범위」(「계급」이라고 부른다)를 나타낸다. 그리고 세로축은 「각 범위의 수치들이 관측된 횟수를 나타낸 수치」(「도수」라고 부른다)를 나타낸다.

히스토그램을 보는 법

가로축 → 데이터 수치를 그룹별로 나눈다(**계급**)
세로축 → 관측 횟수(**도수**)

[도표-3]에서 가장 왼쪽에 있는 막대는 「모둠정식 주문횟수가 0회에서 4회인 날」에 대응한다. 가장 왼쪽의 막대 높이는 3이다. 이것은 「모둠정식의 하루 주문횟수가 0, 1, 2, 3, 4 중 어느 하나였던 날이 총 3일이라는」 뜻이다.

35

마찬가지로 왼쪽에서 두 번째 막대는 「주문횟수가 5회에서 9회인 날」에 대응하고 그 높이가 8인 것은 「모둠정식의 하루 주문횟수가 5, 6, 7, 8, 9 중 어느 하나였던 날이 총 8일이라는」 의미이다.

일단 「막대 높이는 관측 횟수」임을 잘 기억해두자.

세 번째 막대가 가장 높은 것을 보아 모둠정식의 하루 주문횟수가 10, 11, 12, 13, 14 중 어느 하나였던 날이 가장 많았음을 알 수 있다.

■ 「들쭉날쭉」이 의미하는 것

 계급은 왜 만드나요?

 계급을 나누는 것은 정밀한 수치들을 희생시켜서라도 전체 데이터에 숨어 있는 특징을 돋보이게 하기 위해서야. 데이터 자체를 그냥 보아서는 숫자들의 나열로만 보이지 아무것도 알 수가 없어. 그렇다고 하나하나의 수치를 잡아내서 각각 자세히 살펴본다고 해서 뭘 발견할 수 있는 것도 아니야. 그건 하나의 수에 불과할 뿐이니까. 그래서 「계급」이라는 형태로 분류를 해서 어떤 특징에 데이터가 많이 모여 있는지 보는 거야.

 그럼 왜 계급이 6개인 거죠?

 데이터 수치가 100개 있다고 치자. 계급이 1개라는 건 100개를 한 묶음으로 보는 거야. 그러면 전혀 특징을 알 수가 없지. 반대로 데이터를 한 개씩 살펴보는 건 계급을 100개 만드는 거야. 이것도 의미가 없어. 그렇다면 그 중간에 적절한 계급 수가 있겠지?

통계학에서는 경험적으로 6~8개의 계급을 만드는 것이 바람직하다고 되어 있어. 참고로 몇 개의 계급 수가 적절한지를 논리적으로 구하는 연구도 있어.

 그렇군요. 그런데 왜 가운데로 갈수록 막대가 높아지는 걸까요?

 물론 양끝이 높은 데이터도 있어. 하지만 대부분의 경우 중간이 가장 높아.

왜요?

 많은 데이터는 계급을 나누거나 히스토그램을 만들면 정규분포라는 가운데가 높은 분포가 된다고 알려져 있거든.

 「정규분포」가 뭔데요?

 간단하게 말하자면 정규분포란 평범한 수가 대다수를 점유하고 있고 특수한 수도 있긴 하지만 그건 아주 소수인 형태를 띠는 거야. 그래서 명확한 법칙성이 있는 일이나 사물을 통계적으로 분석하면 가운데 부분의 수가 대다수를 점유하는 정규분포가 나타나게 되지.

 그 평범한 수치가 가운데 계급에 모인다는 거군요.

 그렇지. 그래서 통상적으로 통계학을 이용해 행동을 결정할 때는 정규분포의 가운데 부분의 수치가 관측될 거라고 단정 짓고 전략을 세우지. 물론 리스크를 생각한다면 범위를 넓혀서 좀 더 오른쪽이나 왼쪽으로 치우친 수치도 염두에 둘 필요가 있지만 말이야.

 상정(想定) 내라거나 상정 밖이라는 것도 그런 의미의 말이겠네요.

히스토그램은 [도표-3]처럼 들쭉날쭉한 막대형 그래프다.
「이 들쭉날쭉이 무엇을 의미하느냐」 하면 그것은 **「내가 주목하는 것이 불확실하게 흔들리는 양상」**이라고 할 수 있다. 「모둠정식의 주문수가 매일 동일」하다는 확신이 있다면 막대는 한 개만 존재할 것이다.
「막대가 여러 개 있다」는 것은 **모둠정식의 주문수가 날마다 제각각**이라는 뜻이며, 이것은 **주문수의 불확실성을 나타내는 셈**이다.

히스토그램을 보면 일반적으로 다음 내용을 알 수 있다.
다양한 히스토그램을 많이 보면 하나하나 생각하지 않아도 그 내용이 눈에 들어오게 될 것이다.

히스토그램을 보고 알 수 있는 점

① 왼쪽 막대들이 상대적으로 높으면 작은 데이터가 비교적 많이 관측된다.
② 오른쪽 막대들이 상대적으로 높으면 큰 데이터가 비교적 많이 관측된다.
③ 대부분의 막대 높이가 비슷하면 모든 데이터의 수치가 거의 균등하게 관측된다.

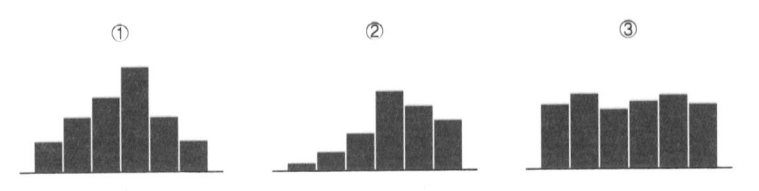

프롤로그 통계학이란

1장

평균과 표준편차
~데이터의 비밀을 파헤치다~

2장 정규분포 ~통계학의 보스를 공략한다~

3장 가설검정 ~데이터로 가설의 성립 여부를 판단한다~

4장 구간추정 ~안전한 예측을 한다~

숫자로 뒷받침되는 게 더 좋다

숫자로 뒷받침되는 게 뭐예요?

뭐긴 통계학이지

통계학이요?

라고 한 거야

응? 통계학도 모르면서 가게를 운영하다니 어이가 없군

통계학은 많은 숫자들 사이에 어떤 법칙이 있는지 발견하는 학문이야

경영 판단을 내리거나 전략을 결정할 때 없어선 안 되는 도구이지

경험이나 감만으로 판단하면 그때의 컨디션이나 기분에 따라서 판단이 바뀔 수도 있지만 숫자는 거짓말을 하지 않아

무, 물론 그렇죠…

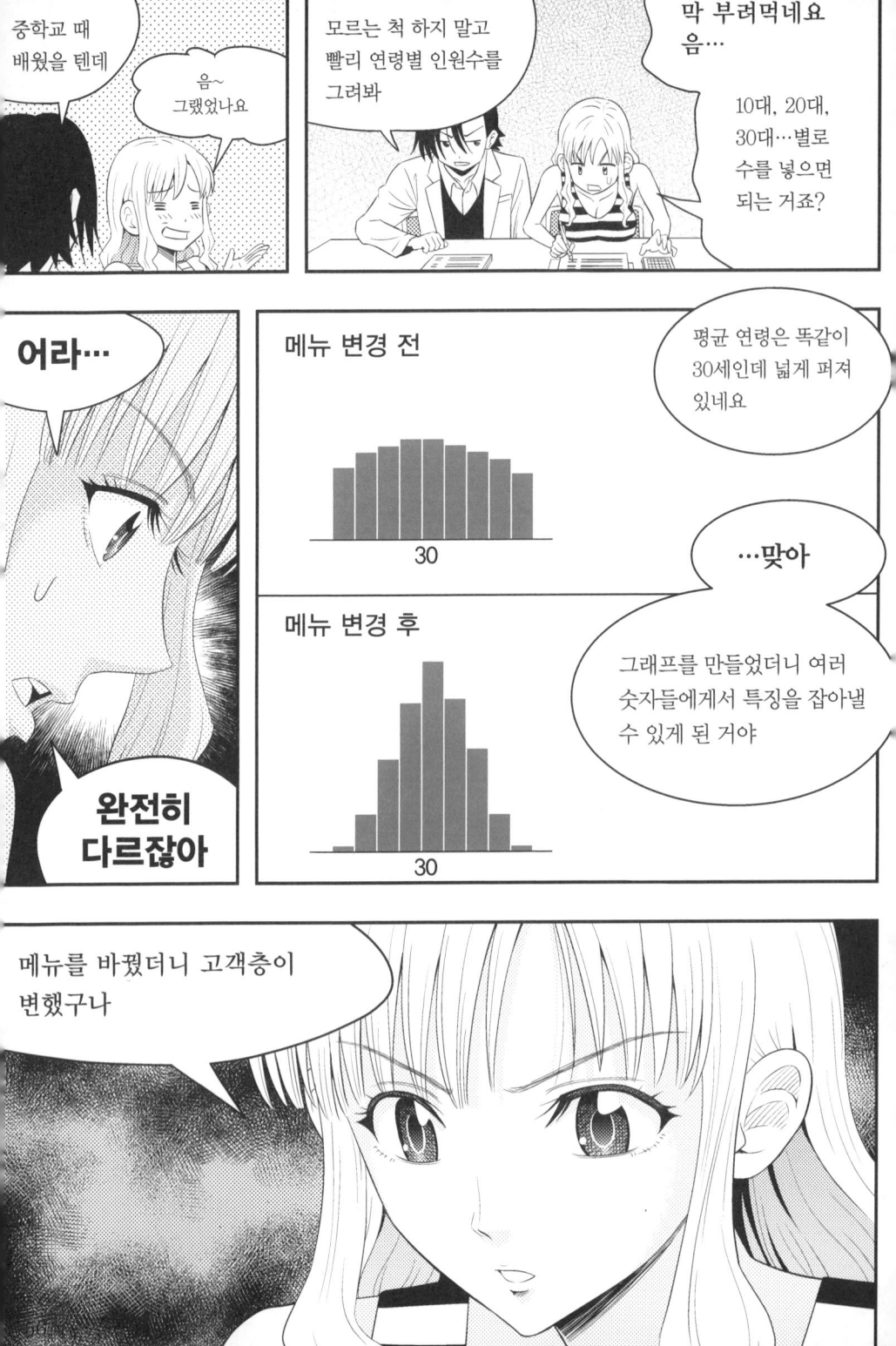

예를 들면…
5명의 연령 표본이
있다고 치자

계산하면 평균값은
30세가 되지

표본	A	B	C	D	E
연령	25	28	29	31	37

$$\frac{25+28+29+31+37}{5}=30$$

그러네요

그렇지만 실제 연령은
30세를 중심으로 흩어져 있어

이런 경우에 S.D.를 이용해서
실제 흩어진 모양을 수치화하는 거야

표본	A	B	C	D	E
계산	25−30	28−30	29−30	31−30	37−30
편차	−5	−2	−1	1	7

먼저 [평균으로부터의 거리] = 편차를 낸다

여기서 평균을 내고 싶은 편차를
제곱하고 합계를 낸 다음 개수로 나눠
그런 다음 루트를 씌우는
「제곱평균」을 사용하는
거야

왜 그렇게 귀찮은
일을 하죠?

마이너스 부호를
없애기 위해서지

분산 : $\dfrac{(-5)^2 + (-2)^2 + (-1)^2 + (+1)^2 + (+7)^2}{5} = \dfrac{25+4+1+1+49}{5} = \dfrac{80}{5} = 16$

16은 제곱한 숫자니까 루트로
되돌리면 4가 되지

즉 30±4에 의해
실제로 26~34라는
범위가 설정되는데

5명 중 B와 C와 D
이렇게 3명은 이 범위에
들어간다는 걸 알 수 있지
이 숫자가 표준편차야

표준편차(S.D.) : $\sqrt{16} = 4$

그렇군요

모든 데이터를 범위에
수렴하려면 30±7이어야 하는데
그렇게 하면

E만 주목하는 것이
되어서 적절하지 않아

표본	A	B	C	D	E
연령	25	28	29	31	37

B와 C와 D의 연령이
평균 바로 옆에 있고 A와 E가 많이
떨어진 표본이라는 특성을 잃게 되지

통계량은 모든 표본의 특성을 최대한 살리는 숫자여야 해

식당의 데이터를 보면 연령의 표준편차가 10.2세에서 6.4세로 좁혀졌다는 걸 알 수 있지

꿀꺽...

......

예전과 달라졌다고 막연히 생각하긴 했지만

이렇게 통계를 사용해서 도출하니까 명확해지네요

직접 해보니까 통계도 재미있지?

네...

이 데이터를 보면

아마 메뉴가 많은 게 손님을 불러 모으는 요인이었나 보군

도시락을 살 때 마지막에 딱 한 개 남은 불고기 도시락을 사는 것과 많은 종류 중에서 불고기 도시락을 고르는 건 기분이 다르잖아

한개 남았네...
불고기

충분하네
우검살 제육볶음 불고기

너희 가게 손님들도 다양한 메뉴 중 무엇으로 할지 생각하다가

모둠정식을 고른 게 아닐까?

59

문제가 해결된 것처럼 보이지만

메뉴를 줄여서 마이너스가 된 게 0으로 돌아간 것뿐이지 사실은 아무것도 해결되지 않았잖아

지…

진짜다

있잖아… 매출이 떨어지는 걸 막는 건

개인의 노력으로 될 일이 아니야

응?

데이터의 대푯값
——평균값을 계산한다

먼저 네가 갖고 온 이 데이터를 멍하니 쳐다보기만 하면 아무것도 알 수 없어

데이터만으로는 아무것도 찾을 수 없으니까 통계를 이용하는 거야

아…네

 일인 단가, 명수, 연령층, 방문 시간, 내객 시간, 선정 메뉴……. 왜 이렇게 많은 데이터를 추출하는 거죠? 찾느라 진짜 힘들었어요!

 일단 어떤 일을 수치로 바꾸는 이유는 선입견을 없애기 위해서야.

 선입견이요?

 사람은 여러 가지 경험을 하면서 점차 선입견을 갖게 되지. 선입견은 맞을 때도 있지만 때로 큰 오류를 일으키기도 해.

 선입견을 없애기 위해 여러 가지 데이터를 조사한다고요?

 조사한 데이터가 한 종류였다고 치자. 그게 어쩌다 자신의 선입견을 약간이라도 뒷받침하는 거라면 금세 자기 생각이 맞았다고 하겠지?
단체 소개팅에서도 처음 만난 사람이 내 취향과 좀 비슷하다고 해서 그 사람으로 결정하는 건 위험하잖아. 여러 사람과 이야기를 해보고 정하는 게 좋겠지.

 그렇군요! 소개팅을 예로 드니까 딱 알겠어요!

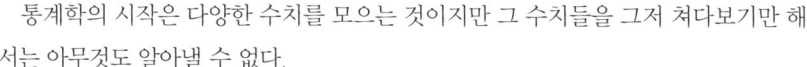

 통계학의 시작은 다양한 수치를 모으는 것이지만 그 수치들을 그저 쳐다보기만 해서는 아무것도 알아낼 수 없다.
 이때 이용하는 것이 통계적 기법이다.
 프롤로그의 해설에서 데이터의 특성을 하나의 수로 나타내는 지표를 통계량이라고 했다.
 먼저 평균값이라는 통계량부터 알아보자.
 여기서도 동방레스토랑의 모둠정식을 예로 들어보자.
 [도표-4]를 보자.
 이것은 동방레스토랑 모둠정식의 하루 주문횟수를 5월 1일부터 5월 10일까지, 즉 10일간 기록한 것이다(물론 가공의 수치다). 예를 들어 5월 1일에는 14번, 5월 2일에는 11번 주문을 받았다.

도표-4 | 동방레스토랑 모둠정식의 주문횟수 (5/1~5/10) ①

날짜	5/1	5/2	5/3	5/4	5/5	5/6	5/7	5/8	5/9	5/10	
데이터	14	11	19	12	8	6	10	17	8	15	평균값 12

이렇게 주문횟수는 날마다 제각각이다.
 그것은 모둠정식의 주문이 각종 우연에 의해 좌우되기 때문이다. 날마다 다른 손님이 이 가게를 찾을 것이다. 또 같은 손님이 와도 날마다 먹고 싶은 음식이 다를 수 있다. 그리고 기온이나 날씨에 따라 먹고 싶은 메뉴에 일정한 선호도나 경향이 생길 수도 있다.
 이것은 여러 개의 주사위를 한꺼번에 던지는 것과 같은 복잡한 우연성을 만들어낸다. 그렇게 복잡한 우연성으로 인해 주문횟수는 매일 제각각인 수로 나타난다.
 이처럼 **제각각인 수치가 발생하는** 것을 전문용어로 「분포」라고 한다. 데이터 수치는 **「분포」**를 하며 데이터의 이면에 있는 불확실성을 반영한다.
 [도표-4]는 **「모둠정식의 주문횟수 분포」**를 나타낸 표다.

■ 대표적인 수를 추출한다

당신이 동방레스토랑의 주인이라면 이런 분포에 나타나는 제각각인 수치에서 대표적인 수 하나를 뽑고 싶을 것이다. 「이 메뉴의 하루 주문횟수는 대략 **회다」는 「**」에 집어넣을 숫자를 알고 싶다는 말이다.

이 「**」에 맞는 숫자는 「분포에 나타나는 제각각인 수치들을 대표하는 수」를 의미한다.

「대표」를 고를 때는 데이터의 최대값은 19이고 최소값은 6이므로 당연히 「6이상 19이하」인 숫자들 중 하나를 선택할 것이다.

단 19와 6은 양극단에 있으므로 적절한 수치가 아니라는 것을 알 수 있다.

제각각인 수들 중에서 중간 정도의 적당한 수를 하나 골라내는 계산 방법이 몇 가지 알려져 있는데, 이들을 모두 「~평균」이라고 한다. 다음과 같은 예시를 들 수 있다.

대표를 나타내는 값 (일례)

「산술평균」「상승평균」「조화평균」「제곱평균」…

이렇게 다양한 「**평균**」이 존재한다.

이중에서 가장 대표적인 것은 「**산술평균**」이다. 이 책에서는 산술평균을 「평균값」이라고 부르겠다.

평균값(산술평균)은 모든 데이터 합계를 데이터 총 개수로 나눈 것이다.

평균값(산술평균) 계산

[데이터의 평균값] = [합계] ÷ [개수]

[도표-4]에 대해 실제로 평균값(산술평균)을 계산해보면 다음과 같다.

(14+11+19+12+8+6+10+17+8+15)÷10 = 120÷10 = 12

이 평균값(산술평균) 12는 최대값인 19와 최소값인 6 사이에 있는 수치임을 알 수 있다.

평균값은 무엇을 의미하는가

평균값 12는 [도표-4]의 10개의 수를 대표하는 수라고 간주된다. 그러나 **「어떻게 대표하는가」**는 냉철하게 생각할 필요가 있다.

먼저 「12번이라는 주문횟수가 가장 많다」고 생각하면 안된다. 실제로 12번 주문이 있었던 날은 5월 4일 하루뿐이기 때문이다.

또 수치들 중 「정중앙에 있는 수치」라고 해석해도 안된다. 데이터 수가 10개일 때 「정중앙」의 수는 수치를 차례로 작은 순대로 늘어놓고 5번째와 6번째의 딱 중간에 해당하는 수다. 그렇다면 큰 쪽부터 5번째가 12이고 6번째가 11이므로 정중앙은 (12+11)÷2=11.5여야 한다. 즉 12가 아니다.

「가장 많이」도 아니고 「정중앙」도 아니라면 어떤 의미가 있을까?

실은 평균값의 의미는 다음과 같이 추상적이다.

평균값의 의미

가령 모든 데이터가 「같은 수치」라고 생각했을 경우, 그 데이터들을 더한 결과가 원래의 수치와 다르지 않다면 그 「같은 수치」는 평균값이다.

실제로 매일 매일의 주문수가 전부 12였다고 가정한다면 10일간의 총주문수는

12×10=120

이므로 현실의 총주문수와 일치한다.

앞에서는 평균치를 「추상적」이라고 평했지만 **경우에 따라서는 직접적인 의미를 갖기도 한다.** 예를 들어 10일간의 데이터를 근거로 1개월분의 총주문수를 예측하고 그에 따라 업체에 식자재를 의뢰한다고 하자. 이 경우 1개월을 30일이라고 하고 평균값 12에 일수 30을 곱해서 12×30=360회분을 의뢰하는 것이 타당하리라. 실제 총주문수는 360에서 전후로 다소 차이가 나겠지만 크게 다르지 않을 것이라고 생각하기 때문이다.

지금까지의 이야기를 정리하면 평균값은 다음과 같은 역할을 한다고 할 수 있다.

평균값의 역할

①평균값은 제각각으로 분포하는 데이터 수들 중에서 대표적인 수로 선출된 값이다.
②평균값은 최대값과 최소값 사이의 수다.
③평균값이 무엇인지 알면 실제 데이터는 그 주변에 분포하고 있음을 알 수 있다.
④모든 데이터를 같은 숫자라고 가정할 경우, 평균값은 합계의 의미로 봤을 때 원래의 데이터로 보기에도 손색이 없는 수이다.

퍼져 있거나 흩어져 있는 정도를 나타내는 지표 ~표준편차~

이제 평균값의 의미를 이해했을 것이다.

다음으로 「평균값의 역할」 중에서 「③**평균값이 무엇인지 알면 실제 데이터는 그 주변에 분포하고 있음을 알 수 있다**」에 대해 생각해보자.

모둠정식의 주문횟수에 관한 상세 데이터는 없고 하루 평균 주문횟수가 12라는 것만 알고 있다고 가정하자.

이때 이런 점도 추가로 알고 싶지 않을까?

「평균이 12니까 하루 주문횟수가 대체로 12개 전후라는 것은 알겠다. 하지만 전후라는 것이 어느 정도일까? ±3 정도일까? 아니면 ±10 정도로 평균에서 멀리 떨어져 있을까?」

사업을 할 경우 이것은 무척 중요한 의문이다.

주문횟수를 예상해서 식자재를 준비해야 하는데, 주문횟수에 어느 정도의 폭이 있느냐에 따라 식자재 양이 달라진다. 그러나 평균값은 분포에서 추출된 한 개의 수에 지나지 않으며 「그 주변에 어느 정도로 흩어져 있거나 퍼져 있는지」까지는 알려주지 않는다.

■ 표준편차란?

 우리 가게의 경우, 고객의 평균 연령은 메뉴를 변경하기 전이나 후나 똑같이 30세 정도였지만 메뉴를 변경한 뒤에는 고객 연령의 퍼진 모양이 달라졌다는 이야기네요.

 그런 것 같군.

 평균은 잘 알겠는데 「흩어짐」이나 「퍼짐」이 뭔지 모르겠네요. 좀 쉽게 이해할 수 있는 방법은 없을까요?

 그건 히스토그램과 표준편차를 알면 돼.

실은 「평균값 주변에 얼마나 흩어져 있거나 퍼져 있는지」 알려주는 지표가 있다. 바로 「**표준편차**(S.D. : Standard Deviation)」라고 불리는 통계량이다.

표준편차는 평균값과 함께 통계학의 대표 간판격인 통계량인데, 그 의미와 계산을 이해하기가 평균값만큼 쉽진 않다. 계산이 꽤나 번거로우며, 그 뜻도 한 번에 파악하기 힘들다는 말이다.

그러나 이 표준편차는 통계학 전반에 걸쳐 주역을 맡고 있다. 일단 제대로 이해하기만 하면 이만큼 도움이 되는 수단이 달리 없으니 이해하려고 노력해보자.

■ 표준편차 계산

도표-5 │ 동방레스토랑 모둠정식의 주문횟수 (5/1~5/10) ②

날짜	5/1	5/2	5/3	5/4	5/5	5/6	5/7	5/8	5/9	5/10	평균값
데이터	14	11	19	12	8	6	10	17	8	15	12
편차	+2	-1	+7	0	-4	-6	-2	+5	-4	+3	

그러면 표준편차를 계산하는 순서를 살펴보자.

먼저 [도표-5]의 표를 보자.

첫째 줄은 날짜, 둘째 줄은 그날의 모둠정식 주문횟수이다. 여기까지는 [도표-4]와 똑같다. 새로운 부분은 셋째 줄이다.

셋째 줄은 「그날의 모둠정식 주문횟수에서 전체 데이터의 평균값 12를 뺀 수」이다. 이 수들을 「편차」라고 한다. 예를 들어 5월 1일의 주문횟수는 14이므로 평균값 12를 뺀 편차는 14-12=+2다. 또 5월 2일의 주문횟수는 11이므로 평균값 12를 빼면 나오는 편차는 11-12=-1이다.

다시 말해 편차는 「평균값 12를 0으로 재설정하여 평균값보다 큰 수는 큰 만큼을 플러스, 작은 수는 작은 만큼을 마이너스로 나타낸 수」를 말한다. 쉽게 말하자면 「평균값이 0이 되도록 모든 데이터 수를 이동시킨 것」이다.

예를 들어 5월 1일의 편차 +2는 이날의 주문횟수가 전체 평균값보다 2만큼 크다는 뜻이다.

요약하자면 편차는 「각 데이터 수의 평균값에서 벗어난 정도」를 나타내며 계산 방법은 다음과 같다.

1장 평균과 표준편차 ~데이터의 비밀을 파헤치다~

편차 계산

[편차] = [데이터 수] − [평균값]

■ 편차는 무엇을 나타내는가

편차를 계산하는 방법을 이해했으면 이제 편차는 무엇을 나타내는지, 그 의미를 생각해보자.

[도표-5]의 세 번째 줄을 보자. 플러스 수가 4개, 마이너스 수가 5개, 0이 1개다. 이것을 보면 평균값과 일치한 주문횟수가 1번뿐이고 평균값보다 많은 주문횟수가 4번, 평균값보다 적은 주문횟수가 5번임을 알 수 있다.

이처럼 편차는 「**평균값과의 차이가 나는 고르기 정도**」를 나타낸다.

또한 편차는 「**평균값에서 얼마나 멀리 떨어져 있는 수가 등장하는지**」도 가르쳐준다.

모둠정식의 편차(세 번째 줄)를 보면 평균값보다 큰 쪽으로는 +7, 작은 쪽으로는 −6만큼 평균값에서 떨어져 있다.

73

편차의 값이 플러스이든 마이너스이든 0에서 먼 수치가 많이 나타나는 경우 「평균값에서 멀리 떨어진 수가 꽤 있다」는 것을 알 수 있다. 반대로 0에 가까운 수만 있다면 「평균값에 가까이 있는 수만 있다」는 것을 알 수 있다.

즉 편차는 「데이터 수의 고르기 정도나 퍼져 있는 정도의 크기」를 보여준다.

그런데 편차의 개수와 원래 데이터 개수는 동일하다. 따라서 원래 데이터와 마찬가지로 「실태를 파악하기 힘들다」.

그러므로 모든 데이터에서 평균값을 구했을 때처럼 **편차의 수들을 하나의 수로 대표하여 나타내고 싶은** 욕구가 생긴다.

■「편차를 제곱한 수」의 평균값~ 분산~

여기서 「편차를 전부 더한 합을 총 개수로 나누는」 전략은 현명하지 않다.

예를 들어 [도표-5]의 세 번째 줄의 편차를 보면 (+7)과 (-6)이 있다. 둘 다 0에서 멀리 떨어진 수치이지만 이것을 더하면 (+7) + (-6) = (+1)이 되어 0에 가까운 수치가 나온다. 플러스와 마이너스가 합산되어 원래 있던 평균값과의 「거리」가 상쇄되기 때문이다.

그리하여 데이터를 정확하게 파악하기 위해 「마이너스 편차를 플러스 수로 변환할」 필요가 생긴다.

얼핏 (-6) → 부호 전환 → (+6)으로 하면 될 것 같겠지만 이것은 잘못된 생각이다. 이렇게 말하면 수학책답지 않은 설명이지만 이런 식으로 「부호를 전환하는 작업」은 인간이 볼 때는 쉬워도 「수학의 신」이 볼 때는 부자연스러운 조작이기 때문이다.

그래서 통계학은 제곱을 하는 방법을 채택한다.

(-6) → 제곱 → (+36) 이런 식이다. 플러스 수든 마이너스 수든 제곱하면 모두 플러스가 된다. 이 방식은 인간에게는 어렵지만 「수학의 신」에게는 매우 고마운 계산법이다.

[도표-6]을 보자. 표의 네 번째 줄이 편차를 제곱한 값이다. 첫 번째~세 번째 줄은 [도표-5]와 같은 수다.

도표-6 | 동방레스토랑 모둠정식의 주문횟수 (5/1~5/10) ③

날짜	5/1	5/2	5/3	5/4	5/5	5/6	5/7	5/8	5/9	5/10	
데이터	14	11	19	12	8	6	10	17	8	15	평균값 12
편차	+2	-1	+7	0	-4	-6	-2	+5	-4	+3	
편차의 제곱	+4	+1	+49	0	+16	+36	+4	+25	+16	+9	평균값 16

이 방법으로 모든 수가 플러스로 전환되어 플러스 마이너스 상쇄가 일어나지 않게 되었다. 이제 「편차 제곱」의 평균값을 구해보자.

이것이 우리가 원했던 편차들을 하나의 수로 대표하는 지표가 된다.

[(편차 제곱)의 평균값]

= (4 + 1 +49+ 0 +16+36+ 4 +25+16+ 9)÷10=16

이 16이 [도표-6]의 네 번째 줄의 가장 오른쪽에 기재된 수다.
이 16을 모둠정식 주문횟수의 **「분산」**이라고 부른다.

분산 계산법

[분산] = [(편차 제곱)의 평균값]

■ 분산과 표준편차

분산은 무엇을 나타낼까? 분산은 물론 「데이터가 흩어져 있거나 퍼져 있는 정도」를 나타낸다.

예를 들면 편차가 +1, (−1)이라면 분산은

$\{(+1)^2+(-1)^2\} \div 2 = (1+1) \div 2 = 1$

이 되고, 편차가 +2, (−2)라면 분산은

$\{(+2)^2+(-2)^2\} \div 2 = (4+4) \div 2 = 4$

가 된다.

편차가 2배가 되면, 분산은 4배가 된다는 것을 알 수 있다.

이를 정리하면 다음과 같이 판단할 수 있다.

분산의 의미

- 분산이 작다 → 0에 가까운 편차가 많다 → 평균에 가까운 수가 많다
- 분산이 크다 → 0에서 먼 편차가 많다 → 평균에서 멀리 떨어진 수가 많다

그러나 [도표-6]의 분산을 보면 알겠지만 분산 수치는 실제로 평균과의 거리(편차들)보다 커져 있다.

[도표-6]에서의 평균값에서 먼 거리는 플러스의 경우 +7, 마이너스의 경우 -6이다. 분산인 16은 이 둘보다 훨씬 크다. 그 이유는 말할 것도 없이 편차를 제곱했기 때문이다.

이처럼 분산은 분산끼리 비교할 때는 유효하지만 원래 데이터의 특징을 얻으려 할 경우에는 적합하지 않다.

■ 데이터의 흩어졌거나 퍼진 정도를 대표하는 지표

분산은 편차를 제곱했기 때문에 수치가 커진다. 따라서 원래 크기 수준으로 되돌리고 싶을 때는 루트를 씌우면 된다. 16 → 루트 → 4가 된다.

이것을 식으로 나타내면 다음과 같다.

$\sqrt{16} = 4$

이 4가 「데이터의 흩어졌거나 퍼진 정도를 대표하는 지표」이며 「표준편차(S.D. : Standard Deviation)」라는 수이다.

표준편차 계산

[표준편차] = [$\sqrt{분산}$]

[도표-6]의 예로 돌아가면 편차는

+2, -1, +7, 0, -4, -6, -2, +5, -4, +3

이라는 10개의 수이지만 이 수들을 하나로 대표하는 수는 표준편차 4라는 말이다.

이것은 **「10개의 데이터는 이런 식으로 평균값에서 흩어져 있지만 대략 하나의 수로 표현하자면 ±4 정도로 흩어져 있다」**는 말이다.

10개의 편차 중 4보다 크게 흩어진 것은 +7, -6, +5 이렇게 3개다. 4보다 적게 흩어진 것은 +2, -1, 0, -2, +3 이렇게 5개다. 어떤 의미에서 「정중앙의 수가 선출된」 모양새다. 이것은 평균값과 같다.

이처럼 데이터가 흩어졌거나 퍼진 모양을 나타내려면 분산보다 표준편차가 적합하다.

그러면 「분산」이라는 용어는 필요 없고 「표준편차」라는 용어만 사용하면 되지 않을까 생각할 것이다.
그러나 분산이라는 통계량도 통계학에서는 중요한 지표로 사용된다. 수학적 조작성이 뛰어나기 때문이다.
이에 관해서는 나중에 설명하겠다.

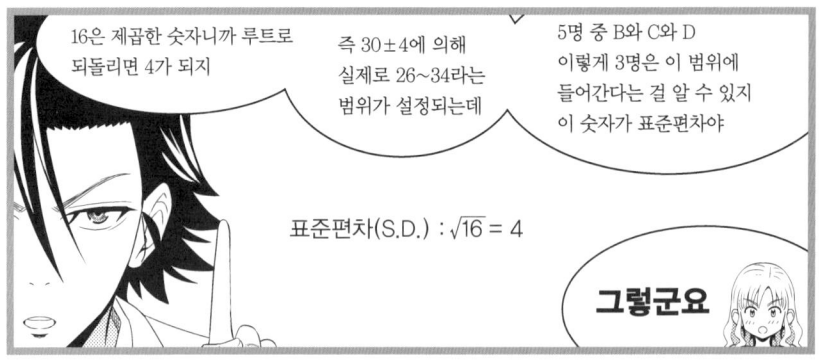

 리신호 씨가 말한 30±4 (26~34)의 범위라는 건 무슨 의미인가요?

 5명의 평균 연령은 30세라고 나왔어. 하지만 그 안에 할아버지나 아기가 포함되어 있는지, 아니면 같은 30세인 사람들만 있는지는 모르잖아. 어떤 모양새인가에 따라서 행동을 달리해야 하겠지.

 표준편차란 어렵네요······.
아니, 흩어진 정도를 표준편차로 숫자화해서 뭘 얻을 수 있죠? 최대값과 최소값을 표시하고 「이거와 이거 사이」라고 하면 안 되나요? 범위에 들어가지 못한 숫자는 무시해도 되나요?

경우에 따라서는 최대값과 최소값을 표시하는 걸로 충분하기도 해. 하지만 최대값과 최소값을 예외라고 생각하고 참고하지 않는 편이 좋은 경우도 있잖아? 예를 들어 100명 중 딱 한 명이 노인이고 나머지는 모두 고등학생이었다면 그 노인은 무시하고 고려할 연령층을 16세에서 18세로 잡는 것이 적절하겠지.

 리듬체조 같은 종목을 평가할 때 가장 좋은 성적과 가장 나쁜 성적을 제외하고 합계를 내는 방법이 있던데, 그것과 비슷하네요.

표준편차의 의미를 이해한다

표준편차의 의미를 깊이 이해하기 위해 다음의 극단적인 두 가지 예를 생각해보자.

〈사례 1〉
먼저 모든 데이터가 일정한 수인 경우를 생각해보자.
그 일정한 수를 x라고 하면 당연히 평균값도 x다.
이때 편차 = (데이터) − (평균값)은 모두 $x - x = 0$이 되므로 이 수를 제곱해서 더해도 0이다. 따라서 분산은 0이고 분산에 루트를 씌운 표준편차도 0이다.
「모든 데이터가 일정한 수」라는 것은 「퍼짐이 없다」는 뜻이므로 표준편차가 0이라는 말은 그 특징을 잘 나타내었다.

〈사례 2〉

이번에는 데이터의 딱 절반(N개)이 평균값보다 a만큼 크고 (편차는 a > 0), 나머지 절반(N개)은 평균값보다 a만큼 작다(편차는 −a)인 경우를 생각해보자.

이 경우 데이터 수는 모두, 평균값에서 딱 a만큼 큰 방향과 작은 방향으로 떨어져 있다.

이때 편차를 제곱하면 모두 a^2이 되므로 편차를 제곱한 값의 평균값도 a^2다.

그러므로 분산은 a^2가 된다.

분산 = a^2

따라서 표준편차는 분산의 제곱을 제거한

$\sqrt{a^2} = a$

가 된다.

이것은 모든 데이터의 수치가 평균값에서 a만큼 떨어져 있다는 것을 직접적으로 나타낸다. ([도표-7]과 [도표-8]).

도표-7 | 수직선으로 본다

〈사례 1〉

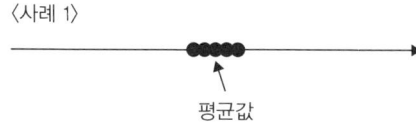

데이터가 한 곳에 모여 있는 경우, 표준편차는 거의 0이다(퍼짐이 거의 없다).

〈사례 2〉

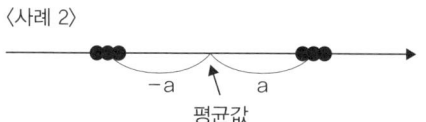

데이터가 두 곳에 균등하게 떨어져 있을 경우, 표준편차는 거의 a(퍼진 정도가 거의 a)다.

도표-8 | 히스토그램으로 본다

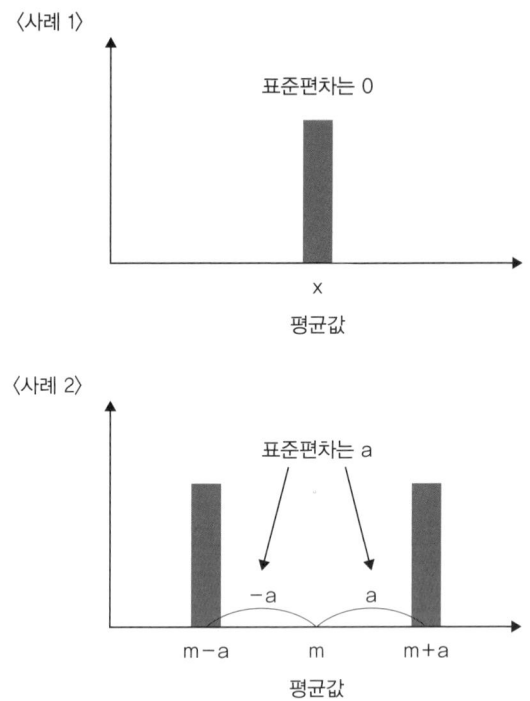

이 두 가지 예를 보면 **「표준편차는 데이터들의 흩어짐과 퍼짐」**이라는 것을 직접적으로 확인할 수 있다.

또 예전에 통계학을 공부한 적이 있는 사람 중에는 분산의 정의를 [데이터수]로 나누는 것이 아니라 [데이터수-1]로 나눈다고 배운 사람도 있을 것이다. 어느 쪽의 정의를 선택할 것인지는 추리통계에서 무엇을 중시하는지에 달려 있으며 양쪽 모두 정당성이 있다. 이 책에서는 [데이터수]로 나누는 방식을 채택했다.

표준화로 「특별함」을 찾는다

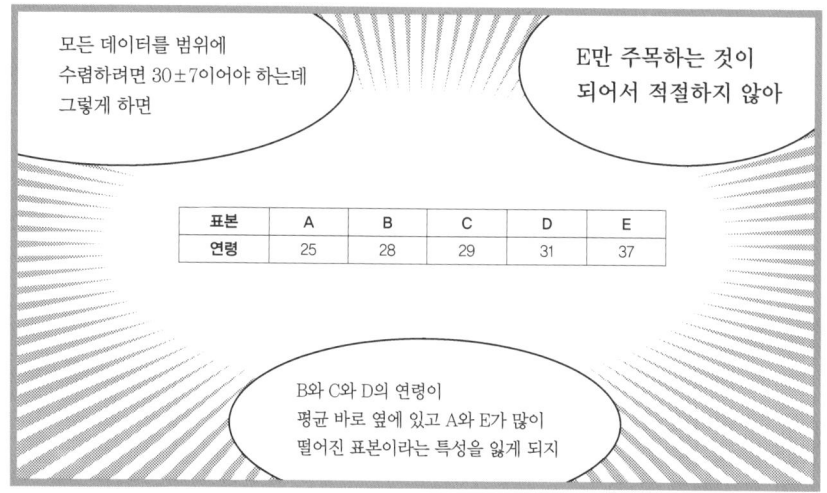

이제 평균값과 표준편차라는 대표적인 2개의 통계량, 말하자면 「통계학의 간판스타」가 함께 모였다.

실은 이 둘만으로도 다양한 통계적 판단을 할 수 있다. 이 둘을 깊이 이해하고 자유롭게 사용할 수 있게 되는 것이 통계학을 습득하는 첫걸음이다.

평균과 표준편차의 위력을 이해하기 위해 먼저 「표준화」라는 중요한 계산부터 설명하겠다.

표준화란 다음과 같은 성질을 나타내도록 데이터를 가공하는 (수치를 변환하는) 것을 말한다.

> **표준화 성질 1**
>
> ① 평균값과 일치하는 데이터는 0으로 가공된다.
> ② 평균값에서 딱 표준편차만큼 큰 데이터는 +1로 가공되고 표준편차만큼 작은 데이터는 −1로 가공된다.
> ③ 평균값과의 거리가 표준편차의 k배만큼 큰 데이터는 +k로 가공되고 표준편차의 k배만큼 작은 데이터는 −k로 가공된다.

이런 성질을 만족하도록 가공하려면 다음과 같이 계산해야 한다.

> **표준화 계산 1**
>
> [데이터 x의 표준화] = [데이터 x의 편차] ÷ [표준편차]

편차는 데이터에서 평균값을 뺀 수라는 것을 생각하면 다음과 같이 쓸 수도 있다.

> **표준화 계산 2**
>
> [데이터 x의 표준화] = (x − [평균값]) ÷ [표준편차]

이 계산 결과는 위의 표준화의 3가지 성질을 충족한다.
　평균값과 일치하는 데이터는 ([데이터] − [평균값]) = 0이 되므로 [데이터의 표준화] = 0이 된다. 이것이 ①의 성질이다.
　또 딱 표준편차만큼(크거나 작은 방향으로) 평균에서 떨어져 있는 데이터에서는,
([데이터] − [평균값]) ÷ [표준편차] = ±[표준편차] ÷ [표준편차] = ±1
이 된다. 이것이 ②의 성질이다.
　③의 성질도 같은 식으로 확인할 수 있다.

이상으로 표준화에 대한 이미지를 [도표-9]처럼 요약할 수 있다.

도표-9 | 표준화

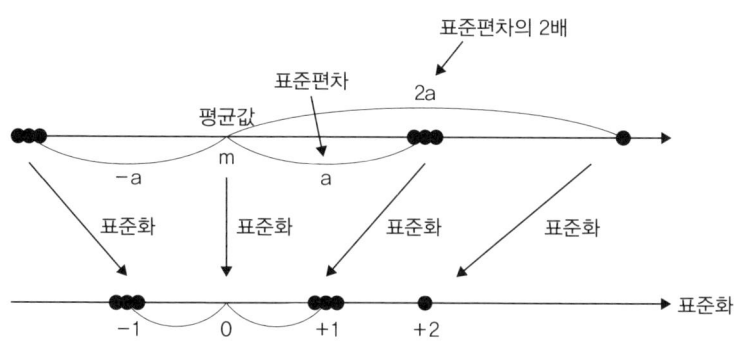

[도표-9]의 윗부분은 일반 데이터의 분포를 나타낸 것이다. 아랫부분은 그것을 표준화한 분포를 나타낸 것이다.

윗부분의 평균값 m은 아랫부분에서는 0으로 가공되었다. 윗부분에서 표준편차a만큼 평균값 m에서 (큰 방향 또는 작은 방향으로) 떨어진 데이터가, 아랫부분에서는 ±1로 가공된 것을 알 수 있다. 또한 위쪽 도표에서 평균값 m에서 표준편차의 2배인 2a만큼 큰 방향으로 떨어진 데이터는 아래쪽 도표에서는 +2로 가공되었다.

즉 다음과 같이 정리할 수 있다.

> **표준화의 성질 2**
>
> ④표준화로 k가 된 데이터x는 평균값에서 표준편차의 k배만큼 떨어진 데이터이다.

■ 표준화를 하면 「특별함」을 찾을 수 있다

「표준화」는 무엇 때문에 할까? 그것은 **데이터 세트 고유의 성질을 제거하고 통일하여 올바른 판단을 할 수 있도록 하기 위해서**이다.

가장 전형적이고 알기 쉬운 예로 단위라는 「성질」을 꼽을 수 있다.

예를 들어 키 데이터를 센티미터로 표시하면 미터로 표시하는 것보다 수치상으로는 평균값과 표준편차가 100배나 크다. 실제로 남성의 평균 키는 약 172센티미터이고 표준편차는 약 5.5센티미터다. 이 단위를 미터로 표시하면 평균값은 약 1.72미터이고 표준편차는 약 0.055미터가 된다. 미터로 나타낸 수치를 보면 아주 작은 수치라는 인상을 받을 것이다.

그러나 표준화하면 단위의 영향을 제거할 수 있다.

예를 들면 키가 183센티미터인 사람을 생각해보자.

이 수치를 표준화하면

(x − [평균값]) ÷ [표준편차] = (183 − 172) ÷ 5.5 = 2

이다.

단위를 미터로 나타냈을 경우의 표준화는

(x − [평균값]) ÷ [표준편차] = (1.83 − 1.72) ÷ 0.055 = 2

로 같은 수치가 나온다는 것을 알 수 있다.

■ 표준화의 더 중요한 사용법

데이터 세트는 제각기 흩어져 있거나 퍼진 모양이 다르다.

따라서 「한 데이터가 평균에서 10만큼 떨어져 있다」고만 하면 「특별한 형태로 떨어진 것」인지 「평범한 형태로 떨어진 것」인지 판단할 수가 없다.

예를 들어 시험 점수를 평균점수보다 10점 높게 받았다고 하자. 이것만 봐서는 「아주 좋은 성적」인지 「그럭저럭 좋은 성적」인지 알 수 없다.

만약 시험을 친 학생들 대부분이 같은 점수를 받았는데, 자신만 그보다 10점 높게 나왔다면 「굉장히 좋은 성적」이라고 판단할 수 있다.

1장 평균과 표준편차 ~데이터의 비밀을 파헤치다~

한편 학생들 중 절반이 60점이고 나머지 절반이 40점인 경우를 생각해보자.
이때 평균값은 50점이므로 60점을 받은 사람은 평균보다 10점 높다.
그러나 이 경우는 상위 절반에 들어가 있긴 하지만 같은 성적을 받은 학생들이 절반이나 된다. 그러므로 「그럭저럭 좋은 성적」이라고 판단하는 것이 적절하리라.

도표-10 ┃ 점수차의 이미지

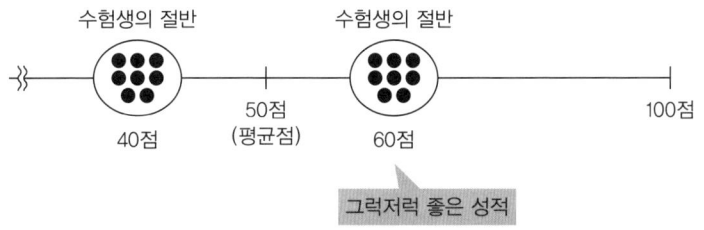

이렇게 **표준화는 「특별」한 여부를 판단할 때 위력을 발휘한다.**
표준화로 「표준편차 1만큼 떨어진 수치」를 일률적으로 +1로 가공하면 데이터 수의 분포 형태에 영향을 받지 않고 평가할 수 있다. 바꿔 말하자면 **데이터 중의 어떤 수의 특별함이나 평범함을 「일률적으로」 평가할 수 있게 된다.**
다음은 전체 데이터 중에 「특별히 평균에서 떨어진 데이터」를 발견하는 범용적 방법이다.

도표-11 | 표준화로 특별한 데이터를 찾아낸다

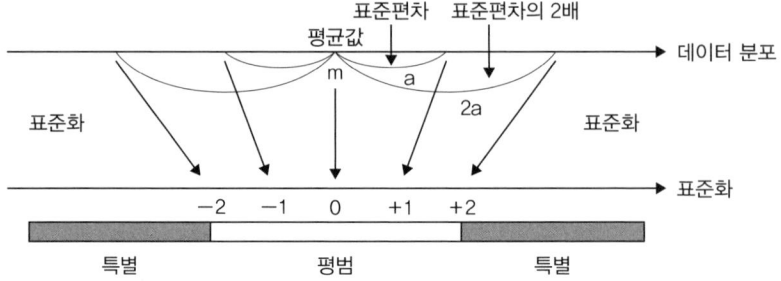

[도표-11]에 나오는 다음 두 가지가 통계학에서 잘 이용되는 판단이다(왜 이렇게 판단하는가는 정규분포를 설명할 때 (2장) 함께 하겠다).

표준화로 도출할 수 있는 포인트

* 표준화해서 +2와 -2 사이에 있는 데이터는 **평범하다**
* 표준화해서 +2 이상 또는 -2 이하인 데이터는 **특별하다**

그러므로 ±3 이상이나 멀리 떨어진 데이터는 「드물게 보이는 특별한 데이터」라고 판단하면 된다.

■ 「특별」한지 「평범」한지 판단한다

[도표-11]의 판단 방법을 응용해보자.
앞에서 나온 수험생들 중 절반이 60점이고 나머지 수험생들이 40점인 경우를 생각해보자. 이때 평균값은 50점, 표준편차는 10점이다.
따라서 60점이라는 득점을 표준화하면

$(60 - 50) \div 10 = +1$

이다.
[도표-11]을 보면 「평범」한 성적이라고 판단된다.

또 하나 예를 들어보자.

남성의 평균 키는 약 172센티미터, 표준편차는 약 5.5센티미터라고 했다. 185.2센티미터인 남자가 있다고 하면 이 사람은 키가 특별히 큰 편일까?

표준화하면 다음과 같다.

(185.2−172)÷5.5=13.2÷5.5=+2.4

표준화된 데이터는 +2.4임을 알 수 있다.

[도표-11]의 기준으로 봤을 때 이 남자는 「특별히 키가 큰 사람」이라고 판단된다.

데이터의 성질이 달라도 비교할 수 있다는 게 표준화의 장점이네요. 하지만 모든 사람이 이렇게 번거로운 계산을 실제로 하나요?

모두는 아니지만 그에 대한 지식이 있는 경영자는 사용하지. 경영자는 자신의 선입견이나 직원들의 주관적인 제안에 현혹되지 않도록 조심해야 하니까 말이야. 그런 경영자는 당연히 표준화를 이용하겠지.

회사의 경영자만요? 일반인은 아닌가요?

일반인도 주식 등 자산운용을 하는 사람에게 표준화는 상식이야. 주식 수익률 변동의 정도를 나타내는 「주가변동성(volatility)」은 표준편차의 다른 이름이야. 이걸 모르고 투자활동을 하는 것은 위험천만한 일이지.

COLUMN

통계학자가 유심히 살펴보는 부분

통계학자라는 사람들은 그저 막연히 데이터를 쳐다보는 것이 아니라 「그럴만한」 곳을 유심히 살펴본다.

다음은 『정보량규준에 따른 통계해석 입문』이라는 책에 개재된 통계적 검증이다.

통계학자인 스즈키 기이치로는 『수학잡학사전』을 읽다가 「미스 유니버스 일본 대표의 체형」에 관한 데이터를 보았다([도표-12]).

표는 제2회에서 제11회까지 (1950년대)의 미스 유니버스 일본 대표 10명의 키, 체중, 가슴, 허리, 엉덩이에 관한 데이터다.

도표-12 | 미스 유니버스 일본 대표의 체형 ①

	키	체중	가슴	허리	엉덩이
①	165	53	86	56	92
②	160	47	84	52	92
③	166	55	86	64	89
④	164	56	90	60	95
⑤	168	55	87	56	87
⑥	164	54	87	57	92
⑦	168	54	94	58	97
⑧	169	55	88	57	92
⑨	169	53	86	58	93
⑩	166	56	84	57	90

스즈키 씨는 이 데이터를 살펴볼 때 통계학자라는 직업상 「특별」한 체형이 있는지 찾고 싶었으리라. 그래서 당연히 표준화 작업을 시작했다.

즉 키, 체중, 가슴, 허리, 엉덩이에 대해 먼저 각각의 평균값과 표준편차를 계산했다.

다음으로 각각의 데이터 수에서 평균값을 빼고 그것을 표준편차로 나누어 표준화된 수를 산출했다. 그 결과 [도표-13]과 같은 표가 완성되었다.

도표-13 | 미스 유니버스 일본 대표의 체형 ② (표준화)

	키	체중	가슴	허리	엉덩이
①	-0.34	-0.32	-0.43	-0.52	0.04
②	-2.22	-2.74	-1.13	-1.89	0.04
③	0.04	0.48	-0.43	2.24	-1.07
④	-0.71	0.89	0.99	0.86	1.15
⑤	0.79	0.48	-0.07	-0.52	-1.81
⑥	-0.71	0.08	-0.07	-0.17	0.04
⑦	0.79	0.08	2.41	0.17	1.89
⑧	1.16	0.48	0.28	-0.17	0.04
⑨	1.16	-0.32	-0.43	0.17	0.41
⑩	0.04	0.89	-1.13	-0.17	-0.7

이 표를 잘 살펴보자.

먼저 눈에 띄는 것은 ②번 일본 대표다. 키가 -2.22, 즉 -2를 밑돈다. 체중은 -2.74로 거의 -3에 가깝다. 허리도 -1.89로 -2에 근접한 수치다. 즉 ②의 일본 대표는 다른 일본 대표들에 비해 특별히 「작고 날씬한」 여성이라는 것이 판명되었다.

실은 이 ②번은 미스 유니버스 제3위에 입상했다.

눈에 띄는 또 한 명은 ⑦번이다. 가슴이 2.41로 2를 넘고 엉덩이도 1.89로 2에 가깝다. 그에 비해 키와 체중은 「평범」한 범위의 수치다. 즉 ⑦의 일본 대표는 다른 일본 대표들에 비해 특별히 「기복이 큰」 여성임을 알 수 있다. 바로 이 ⑦번이 미스 유니버스라는 영광을 차지한 사람이다.

이처럼 직접 데이터에 응용해 보면 표준화의 위력을 실감할 수 있을 것이다. 그리고 무엇보다 이런 데이터를 보았을 때 그냥 지나치지 않고 통계학의 진수를 시험해 보는 통계학자라는 무리를 재미있는 사람들이라고 생각하게 될 것이다.

프롤로그 통계학이란

1장 평균과 표준편차 ~데이터의 비밀을 파헤치다~

2장

정규분포
~통계학의 보스를 공략한다~

3장 가설검정 ~데이터로 가설의 성립 여부를 판단한다~

4장 구간추정 ~안전한 예측을 한다~

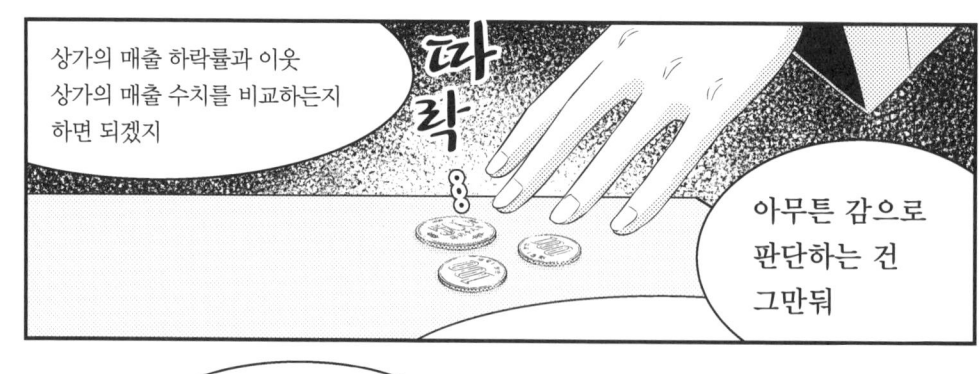

그 말…

이 세상의 수치와 우리 상가의 수치는 경향이 다를 수도 있다고?

우리 가게도… 박성현의 가게도…

……

우와… 우리 상가도… 하락폭이 엄청난데…

특히 요 5년간의 하락폭이 커

혹시 정치나 불경기 탓이 아니라

우리 상가에 문제가 있는 게 아닐까

그럼
조언만 해주지

네!

헉!

헉!

꺄—안—!!!

오래 기다리셨습니다!

!!

딱 하나만 조언하지

「번화한 상가와 이 상가의 차이점을 숫자로 확실하게 드러내야 해. 그러려면 무조건 데이터를 많이 모아서 분석하도록」

며칠 후

우왓 이렇게 많은 데이터가!

부탁드립니다!

말했잖아... 내가 하는 건 소용이 없다니까

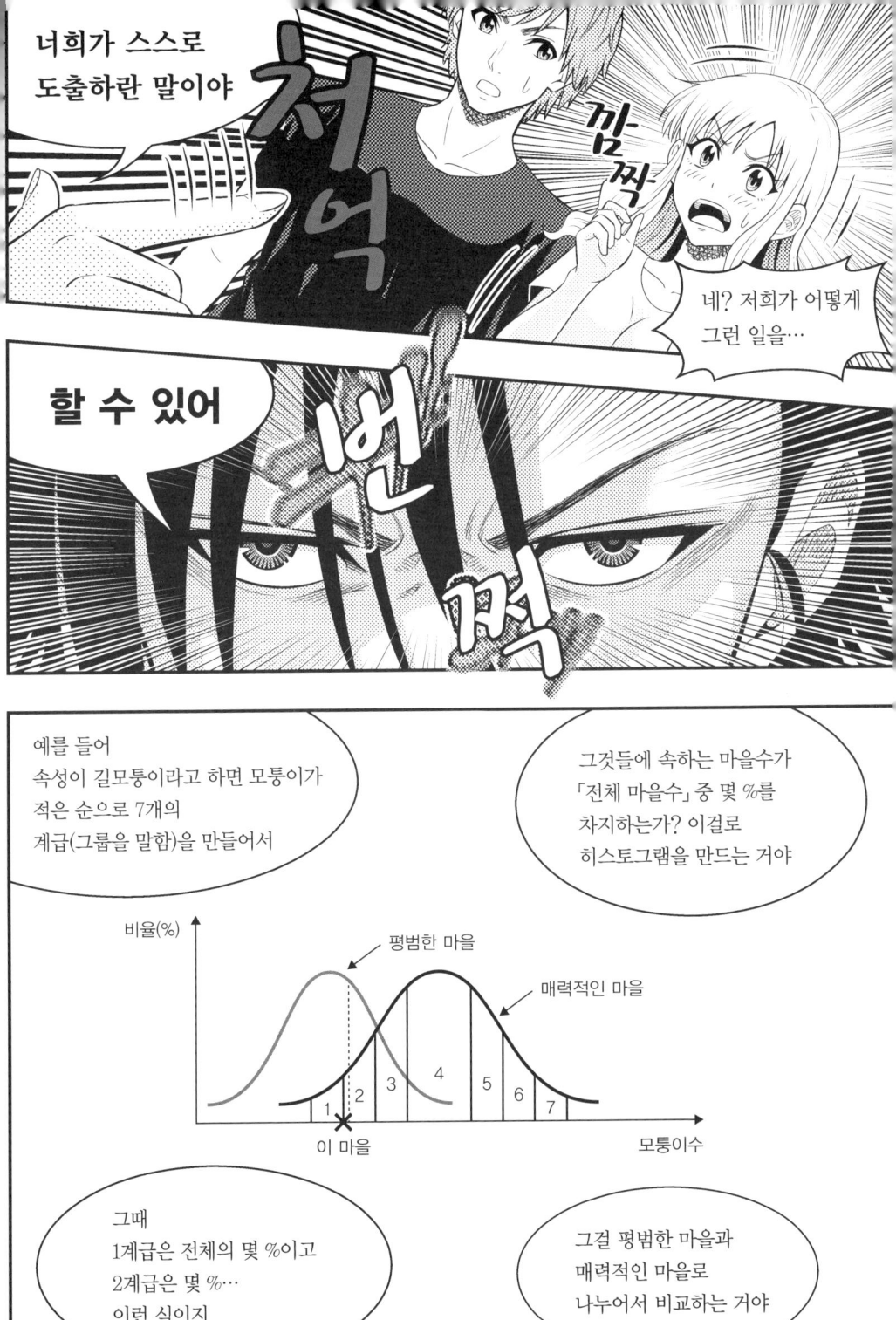

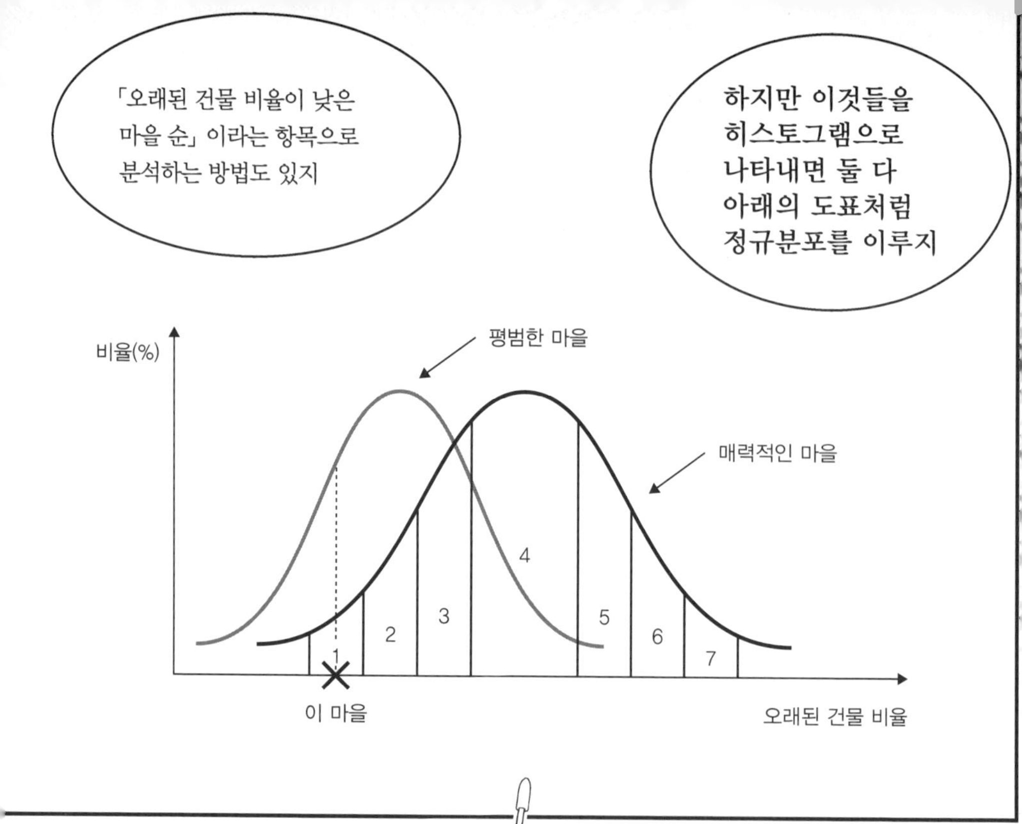

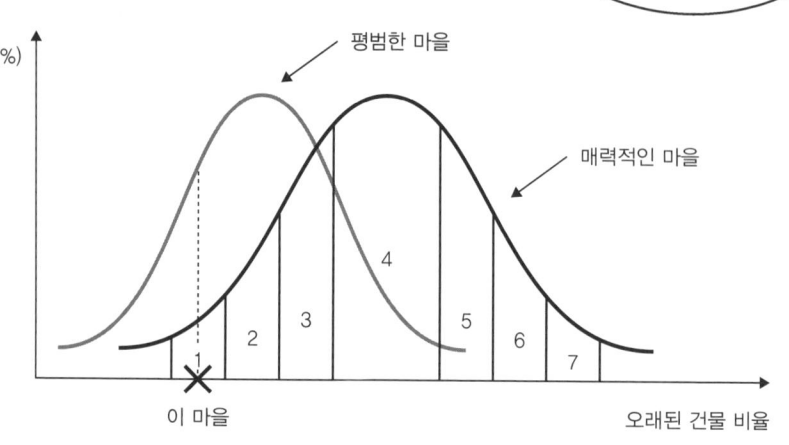

이제
너희들 몫이야

이 상가를 어떻게
디자인할지 너희가
정해야 해

타악...

조용

......

조용

추리통계의 입구
──모집단을 이해한다

제1장에서는 평균값, 분산, 표준편차를 소개했다. 이들은 기술통계의 지표이며 데이터의 특징을 부각시키는 역할을 했다. 마치 약품을 발라 불에 쬐면 투명했던 글자가 보이기 시작하는 종이처럼 말이다.

이제부터는 평균값, 분산, 표준편차 등의 통계량을 추리통계의 지표로 삼아 이용하는 방법을 설명하겠다.

추리통계는 확률 이론을 도입하여 **관측된 데이터의 이면에 있는 「데이터를 만드는 불확실성 구조」를 추측하는** 것이다.

추리통계의 세상으로 들어가는 문을 열려면 먼저 「모집단」을 이해해야 한다.

 왜 추리통계가 필요하죠? 기술통계만으로는 안되나요?

 기술통계는 눈앞에 있는 관측 데이터의 특징을 잡아내는 거야. 이것은 관측된 데이터에 대해 주관을 배제하고 객관적인 판단을 하는 데 도움이 되지. 하지만 그 관측 데이터의 이면에는 그런 수치를 만든 거대한 구조가 있다는 걸 잊어선 안돼.

거대한 구조요?

 예를 들면 30명의 반 친구들의 생일을 조사했다고 하자. 그러면 1월생이 몇 명, 2월생이 몇 명… 이런 식으로 알 수가 있지. 이 데이터로는 그 반에 몇월생이 많고 몇월생이 적은지 같은 「그 반의 월별 생일의 특징」을 알 수 있어. 하지만 이 30개의 수는 한국인의 출생에 관한 거대한 사회적 구조에서 생겨난 것의 일부야. 만약 반 친구들이 태어난 월의 수치로 그 거대한 구조의 특징을 잡아낼 수 있다면 대단한 일이라고 생각하지 않아?

 물론 그렇지만……그런 게 가능한가요?

 그게 바로 추리통계 기법이야. 반 친구들이 태어난 월의 데이터에서 한국인 전체 태어난 월의 분포를 추측하는 거지. 그것은 「부분으로 전체를 추리하는」 것을 뜻해. 부분으로 전체를 알 수 있다니 대단하지?

 대단하긴 하지만 불가능할 것 같은데요….

 확률 이론을 이용하면 할 수 있어.

■ 모집단이란

「**모집단**」은 「알고 싶은 대상에 관한 모든 수를 모아놓은 것」을 말한다. 그리고 **모집단에서 관측된 일부의 수를 「표본」**이라고 부른다.

표본은 지금까지 불러온 「데이터 수치」라는 표현의 전문용어다. 표본이라는 말이 어색하다면 데이터라고 생각해보자. 추리통계는 **「관측된 표본을 갖고 모집단에 대해 추리하는 것」**이라고 정리할 수 있다.

모집단에는 일반적인 감각으로 파악할 수 있는 **「유한모집단」**과 이미지화하기 힘든 **「무**

도표-14 | 모집단의 이미지

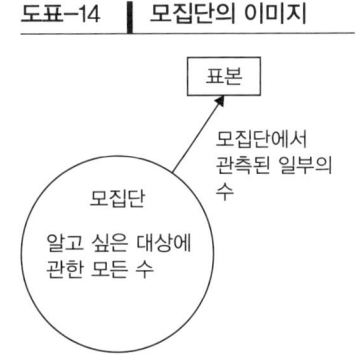

한모집단」이 있다. 전자는 알기 쉽지만 후자는 추상적이어서 이해하기 어렵다. 그러나 실제로는 추상적인 후자가 훨씬 더 많이 이용된다.

이제부터 이 둘의 차이점을 설명하겠다.

■ 유한모집단의 예

유한모집단이란 유한개인 조사 대상물을 전부 모아놓은 것이다. 그러므로 **조사대상이 구체적**이다.

유한모집단과 그 표본을 알기 쉽게 예로 들자면 선거의 출구조사가 있다. 후보자의 이름을 기입하여 투표를 한 모든 사람들의 투표 결과가 모집단이고 출구조사에서 얻은 투표 결과가 표본이 된다[도표-15].

도표-15 │ 유한모집단의 예1 출구조사

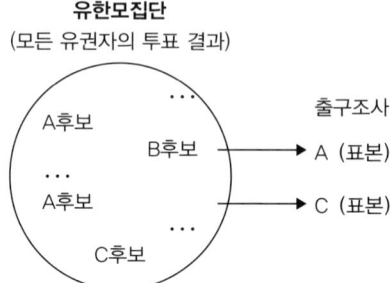

또 하나 혈액형을 예로 들어보겠다.

모든 한국인을 ABO형 혈액형으로 분류하여 표로 만든 것이 모집단이고 의료기관에서 어쩌다 조사해서 판명된 일부분의 혈액형이 표본이다[도표-16].

도표-16 ┃ 유한모집단의 예2 혈액형

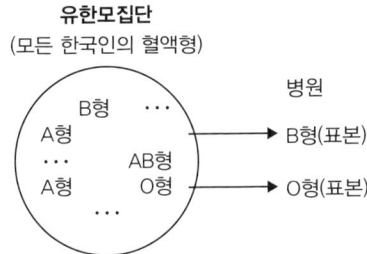

 선거는 늦어도 다음날까지 각 투표자의 이름을 적은 모든 투표용지가 개표된다. 이것은 모집단을 확실하게 알 수 있는 아주 드문 예다.
 반면 혈액형 분포는 모든 한국인이라는 거대한 집단을 대상으로 하고 있으므로 하나도 빠짐없이 알 수는 없다.

■ 무한모집단은 뽑기 상자

 유한모집단은 이제 좀 알겠는데, 그것만 알면 안된다는 거죠? 무한모집단은 왠지 어려울 것 같은데 왜 필요한가요?

 유한모집단은 크기가 다양해. 학교 학생수처럼 수백 개인 경우도 있지만 모든 한국인처럼 천만 단위일 수도 있지. 「학교 학생이 용돈을 얼마나 받고 있나」 같은 건 모든 학생을 조사할 수 있으니 통계학이 굳이 필요 없어. 하지만 여론 조사나 시청률 조사는 모든 한국인에게 물어볼 수는 없는 노릇이니 표본을 추출하여 파악해야겠지. 단 2천명분의 표본을 조사한다고 가정하면 추측 대상인 모든 한국인에서 실제로 조사한 2천명을 제외해야 해. 이건 정말 번거로운 일이야.

 그렇군요. 확실히 귀찮겠네요. 그럼 무한모집단은 유한모집단과 다른 건가요?

 무한모집단은 그런 「일부를 관측하면 모집단이 변해버리는」 번거로움을 제거하기 위한 거야. 그리고 무한모집단은 단순히 유한이 무한으로 되었다는 의미가 아니야. 확률 구조를 가진 것을 무한모집단이라고 불러.

 확률 구조요?

 예를 들면 압정을 던졌을 때 평평한 머리 부분이 바닥에 닿을 경우와 끝부분이 바닥에 닿을 경우의 확률을 알고 싶다고 하자. 그러면 보통 백 번쯤 던져서 표본을 구하겠지.
여기서 중요한 건 두 가지야. 먼저 백 번을 관측해도 확률 구조는 변하지 않는다는 것. 즉 모집단은 변하지 않아. 그리고 아무리 많이 던져도 「전부 다 조사하는」 것은 불가능하다는 거지. 압정을 던질 수 있는 횟수는 무한대니까.

 그렇구나. 그게 무한모집단이라는 거군요.

2장 정규분포 ~통계학의 보스를 공략한다~

 그래. 무한모집단이란 표본을 몇 번 관측하든 변함이 없는 「확률적 구조」를 말해. 그리고 통계학은 「전부 다 조사할 수 없는 확률적 구조」를 밝혀내는 거야.

이제 무한모집단에 대해 설명하겠다.

무한모집단이란 유한모집단과 같은 「대상이 되는 수치를 전부 모은 집단」이 아니라 이른바 **「확률분포」**를 말한다.

확률분포는 **「수치가 무작위로 발생되는 확률적 구조」**를 말한다.

확률이란 「가능성」을 의미하므로 **무한모집단은 직접 만지거나 볼 수 없는 「가공」의 존재, 즉 픽션이다.**

확률분포는 수학적 의미로 엄밀히 말하면 「수치를 모아 놓은 것」은 아니지만 확률분포도 「수치를 모은 것」으로 생각하는 편이 이해하기 쉽다. 그러므로 이제부터 「확률분포의 이미지화」를 해보겠다.

먼저 가장 쉬운 예인 동전 던지기의 확률분포를 무한모집단의 예로 들어보자.

동전 던지기라고 하면 누구나 「동전의 앞면과 뒷면이 반반의 확률로 나온다」는 것을 떠올린다. 그러면 이 동전 던지기의 무한모집단은 무엇일까?

동전 던지기의 무한모집단은 **「무한개의 1과 0」**으로 구성된다. [도표-17]과 같은 **「무한개의 공이 가득 들어있는 뽑기 상자」**를 상상해보자.

이 상자에는 1이나 0이라고 쓰여 있는 공들이 무한개가 들어있다. 여기서는 수 1이 동전의 앞면, 수 0이 뒷면에 해당한다고 하자.

그리고 무한개이지만 **「1인 공의 개수와 0인 공의 개수는 같다」**고 가정한다.

| 도표-17 | 무한모집단의 예 |

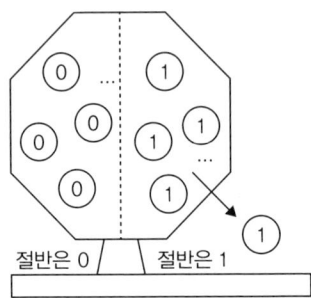

사실 이런 이미지는 전문서적에 등장하지 않는다. 통계학을 다룬 서적은 보통 동전 던지기의 확률분포를 모집단으로써 다음과 같이 설정한다.

* 1이나 0이 표본으로 관측된다
* 1과 0이 각각 2분의 1의 확률로 관측된다

이 책에서는 위의 두 문장을 뽑기 상자에 빗대어 다음과 같이 생각하기로 하겠다.

확률분포	뽑기 상자
1이나 0이 관측된다	1인 공과 0인 공이 각각 무한개 들어 있다
각각 2분의 1의 확률로 관측된다	각각 동일한 개수가 들어 있다

■ 확률분포를 도표로 나타낸다

확률분포를 도표로 나타내고 싶을 때는 보통 「확률분포도」를 그린다.
확률분포도는 가로축에 발생하는 수치(표본으로 관측될 수 있는 수)를 쓰고 그 수치가 발생할 확률을 높이로 한 막대그래프(히스토그램)를 그린 것이다.
그러면 [도표-18]처럼 된다.

도표-18 | 동전 던지기의 확률분포도

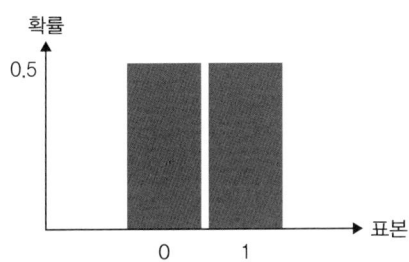

여기서 확률 0.5를 각 숫자(0이나 1)가 적힌 공의 비율(상대도수)이라고 해석하면, 이 확률분포도는 프롤로그에서 설명한 데이터의 히스토그램과 대응시킬 수 있다. 그것이 [도표-19]다.

도표-19 | 뽑기 상자에 들어 있는 공의 히스토그램

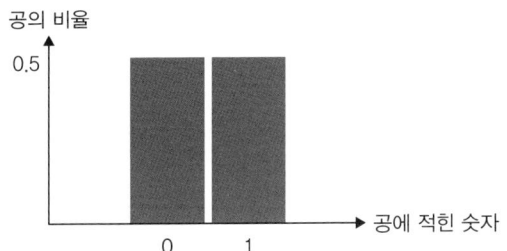

[도표-19]가 나타내는 것은 「뽑기 상자에 들어있는 공에 적힌 수는 반은 0이고 반은 1」이라는 것이다.

따라서 여기서는 「확률적으로 관측되는 표본」을 「뽑기 상자의 공을 1개 꺼냈고 그 공에 숫자가 쓰여 있다」라고 해석한다.

이 뽑기 상자(무한모집단)에서 중요한 것은 「**공을 1개 꺼내도 뽑기 상자 속의 공의 구성에는 아무 영향도 없다**」는 점이다. 즉 [도표-17]의 구성은 공을 1개 꺼낸 뒤에도 그대로이다.

이 점이 무한모집단을 다루는 이점이다.

유한모집단에서는 표본을 하나 관측하면 모집단에 포함된 표본이 1개 줄어들면서 모집단이 변하고 만다. 이것은 통계적 확정을 할 때 아주 불편하다. 반면 **무한모집단에서는 표본을 몇 개 관측하든 모집단의 상태가 변하지 않는다.**

예를 들면 동전을 몇 번 던지든 그 뒤의 확률 현상에는 아무런 영향이 없다. 이것은 [도표-19]의 히스토그램으로 바꾸어 말하면 뽑기 상자에서 공을 꺼내어 그 숫자가 1인지 0인지 확인해도, 뽑기 상자에는 변함없이 무한개의 공이 들어 있으므로 그 비율이 반반인 사실은 변하지 않는다는 말이다.

모평균, 모분산, 모표준편차 계산

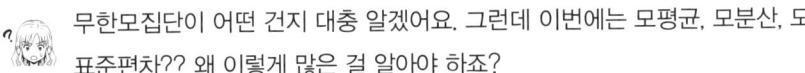
무한모집단이 어떤 건지 대충 알겠어요. 그런데 이번에는 모평균, 모분산, 모표준편차?? 왜 이렇게 많은 걸 알아야 하죠?

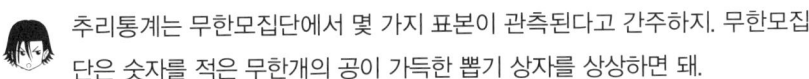
추리통계는 무한모집단에서 몇 가지 표본이 관측된다고 간주하지. 무한모집단은 숫자를 적은 무한개의 공이 가득한 뽑기 상자를 상상하면 돼.

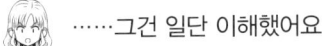
······그건 일단 이해했어요.

이때 뽑기 상자의 수치 전체의 평균, 분산, 표준편차를 아는 것에는 2가지 의의가 있어. 먼저 이것들을 알면 모집단이 나타내는 확률적 구조를 특정할 수 있어. 또 모집단이라는 무한개의 수치들의 평균, 분산, 표준편차의 수치들과 관측된 표본들의 평균, 분산, 표준편차의 수치들은 서로 밀접한 관계가 있기 때문에 후자를 알면 전자를 추론할 수 있지.

 그렇구나. 그게 「부분으로 전체를 추리한다」는 말의 의미군요.

확률분포의 모집단에 대해서도 평균값, 분산, 표준편차를 정의할 수 있다.
이 경우 앞머리에 「모(母)」를 붙여서 **모평균**, **모분산**, **모표준편차**라고 부른다. 여기서 모평균은 「모집단의 평균」을 줄여서 부르는 말이다.

유한모집단인 경우, 제1장에서 설명한 방법으로 평균, 분산, 표준편차를 계산할 수 있으므로 아무 문제가 없다.
다만 무한모집단은 이야기가 다르다. 확률분포는 확률적 현상을 말하는데 거기에 어떻게 하면 평균, 분산, 표준편차를 정할 수 있을까?
예를 들면 동전 던지기의 확률분포를 모집단으로 했을 경우, 무한개의 수가 모여 있는 [도표-17]과 같은 이미지가 된다. 그러면 모든 수의 합계는 무한대이므로 평균을 계산할 수 없다.
이럴 때 수학은 「유한한 경우를 참고하여 무한한 경우로 확장하는」 방식을 취한다.
가령 [도표-17]의 뽑기 상자 안의 공의 개수가 아주 큰 유한한 값 N이라고 하자. 그러면 상자에 들어 있는 「1」번 공은 딱 절반인 N/2이고 「0」번 공도 N/2개이다.
이 경우 평균값은 다음과 같이 계산한다.

$$[\text{수의 합계}] \div [\text{개수}] = \left(1 \times \frac{N}{2} + 0 \times \frac{N}{2}\right) \div N$$

$$= \left(1 \times \frac{N}{2} + 0 \times \frac{N}{2}\right) \times \frac{1}{N} \quad \leftarrow \text{나누기 N을 곱하기 } \frac{1}{N} \text{로 전환했다}$$

$$= 1 \times \frac{N}{2} \times \frac{1}{N} + 0 \times \frac{N}{2} \times \frac{1}{N} \quad \leftarrow \text{곱하기 } \frac{1}{N} \text{을 분배했다}$$

$$= 1 \times \frac{1}{2} + 0 \times \frac{1}{2} \quad \leftarrow \text{N을 약분했다}$$

2장 정규분포 ~통계학의 보스를 공략한다~

이것이 평균값이다.

개수 N은 약분으로 소멸되어 마지막 식에는 나타나지 않는다는 점을 주목하자. 여기서 1에 곱하는 $\frac{1}{2}$은 1이 관측되는 확률([도표-19])의 「1」 위에 있는 막대의 높이)이며 0에 곱하는 $\frac{1}{2}$도 0이 관측되는 확률([도표-19]의 「0」 위에 있는 막대의 높이)이다.

따라서 이 계산은,

[수치]×[그 수치가 관측되는 확률]의 합계

임을 알 수 있다.
뽑기 상자를 예로 들어보면,

[공의 개수]×[그 공의 비율]의 합계

이다.
이것을 [도표-19]에서 보면

[가로축의 수치]×[그 수치의 위에 있는 막대의 높이]의 합계

이다. 이 계산은 N이 얼마나 큰 개수이든 상관없이 같기 때문에 「N이 무한개여도 마찬가지」라고 비약하여 해석할 수 있다. 이것이 확률분포의 평균값, 즉 무한모집단의 모평균의 정의다.

동전 던지기의 무한모집단의 모평균은 다음과 같다[도표-20].
[동전 던지기의 모평균] = 1×0.5+ 0 ×0.5=0.5

도표-20 | 모평균 계산 이미지

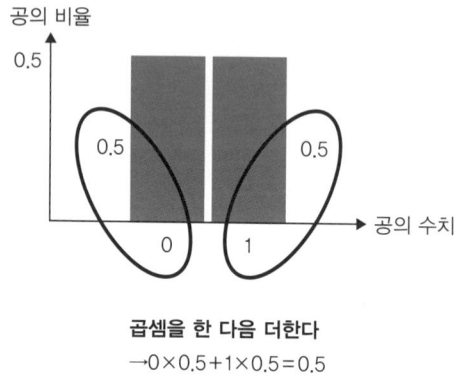

곱셈을 한 다음 더한다
→0×0.5+1×0.5=0.5

위의 내용을 정리하면 모평균은 다음과 같이 계산한다.

모평균 계산

확률분포에서는

* [모평균] = [수치]×[그 수치가 관측되는 확률]의 합계

뽑기 상자에서는

* [모평균] = [공의 개수]×[그 공의 비율]의 합계

히스토그램에서는

* [모평균] = [가로축의 수치]×[그 수치의 위에 있는 막대의 높이]의 합계

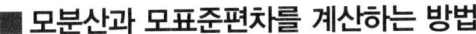

■ 모분산과 모표준편차를 계산하는 방법

 처음에는 복잡하다고 생각했는데 모평균이란 거, 의외로 쉽네요. 하지만 아직 모분산과 모표준편차도 계산해야 하네요……. 왜 이렇게 귀찮은 일을 해야 하죠?

 그건 좀 기술적인 이유가 있지.

 기술적이요?

 무한모집단을 가정할 때 대부분의 경우, 무한모집단을 정규모집단이라고 상정해. 정규모집단은 모평균과 모표준편차가 결정되면 얼추 결정이 나거든. 그래서 정규모집단에 대해 알고 싶을 때는 모평균을 알아내고, 모표준편차나 모표준편차의 제곱인 모분산을 알면 충분해.

 그렇다는 건, 뒤집어 말하면 모표준편차가 불확실하면 모집단을 정확하게 알 수 없다는 말이군요?

 그렇지.

다음으로 모분산을 어떻게 정하는지 설명하겠다.

먼저 데이터 세트에서 분산은 **「편차를 제곱한 다음 평균하여 구한다」**는 것을 생각해 내자. 여기서 편차는 각 데이터에서 평균값을 뺀 수였다.

그러므로 [도표-21]과 같은 순서로 계산하면 된다.

| 도표-21 | 모분산 계산 이미지

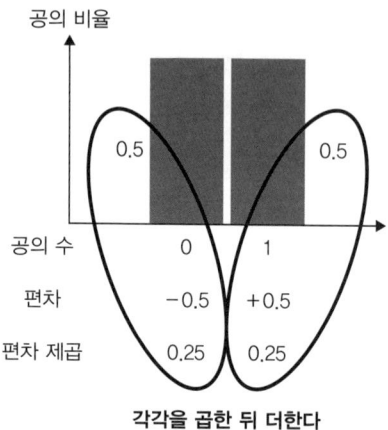

각각을 곱한 뒤 더한다

공에 적힌 수는 0과 1이며 평균값은 0.5이므로 각 수에서 0.5를 빼면 각 편차가 나온다. 그것이 −0.5와 +0.5다.

이 편차를 각각 제곱하면 둘 다 0.25가 된다. 즉 뽑기 상자에 들어 있는 공에 적힌 수의 편차를 제곱하면 모두 0.25가 나온다는 말이다.

공은 절반이 0, 절반이 1이 적혀 있고 양쪽 다 편차를 제곱한 값이 0.25이므로 편차를 제곱한 값의 평균값은 각각 편차 제곱과 막대그래프의 높이를 곱한 다음 더하면 나온다(평균값을 산출했을 때와 같은 방식이다).

[편차 제곱의 평균값] = 0.25×0.5+0.25×0.5 = 0.25

이것이 [도표-17], [도표-18], [도표-19]에서 나오는 무한모집단의 분산, 즉 모분산이다.

[동전 던지기의 모분산] = 0.25

2장 정규분포 ~통계학의 보스를 공략한다~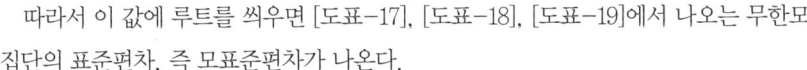

따라서 이 값에 루트를 씌우면 [도표-17], [도표-18], [도표-19]에서 나오는 무한모집단의 표준편차, 즉 모표준편차가 나온다.

[동전 던지기의 모표준편차] = $\sqrt{0.25}$ = 0.5

위의 계산은 일반적인 무한모집단에도 적용할 수 있다.
그러면 이 내용을 정리해 보자.

모분산, 모표준편차의 정의

* [모분산] = [공에 적힌 수의 편차 제곱] × [그 비율]의 합계

* [모표준편차] = [모분산의 루트]

■ 모표준편차는 무엇을 나타내는가

추리통계에서는 **모평균을 그리스문자인 μ(뮤)**로, **모표준편차를 그리스문자인 σ(시그마)**로 표기하므로 이 책도 그렇게 표기하겠다. 분산에 루트를 씌운 값이 표준편차임을 생각해내면 분산은 표준편차의 제곱이라는 말이다. 그러므로 모표준편차가 σ이면 **모분산은 $σ^2$으로 표기**된다.

자, 모평균 μ나 모표준편차 σ는 무엇을 의미할까?
제1장에서 설명한 평균값과 표준편차의 역할을 무한모집단에 적용하면 알 수 있다.
모평균 μ은 모집단의 수치들을 대표하는 중간쯤 되는 수치다. 그러므로 모평균 μ이 무엇인지 알면 「모집단을 나타내는 확률분포에서는 μ의 주변에 있는 수치가 관측될 것이다」라고 추정할 수 있다. 또한 모표준편차 σ가 무엇인지 알면 「모집단을 나타내는 확률분포는 μ의 주변에 있는 수치가 관측되며 물론 그 수치는 μ의 앞뒤로 퍼져 있다. 그 퍼져 있는 정도가 σ이다」라고 추정할 수 있다.

실제로 앞에서 예로 든 동전 던지기의 확률분포에서 모평균은 0.5, 모표준편차는 0.5였다. 이것으로 「이 모집단은 0.5의 주변에 있는 수치로 이루어지고 0.5에서 ±0.5 정도 퍼져 있을 것이다」라고 추측할 수 있다.

이를 바꿔 말하면 「0.5 + 0.5와 0.5 − 0.5 정도에 있는 수가 적힌 공이 들어 있는 뽑기 상자일 것이다」라고 추측할 수 있다는 말이다. 그러므로 「1과 0이 들어 있는 뽑기 상자」라고 추론할 수 있고 이 경우에는 모집단을 정확하게 맞춘 셈이다(대개는 이렇게 명확하게 맞추진 못한다).

이 내용을 이미지화해서 정리하면 이렇게 말할 수 있다.

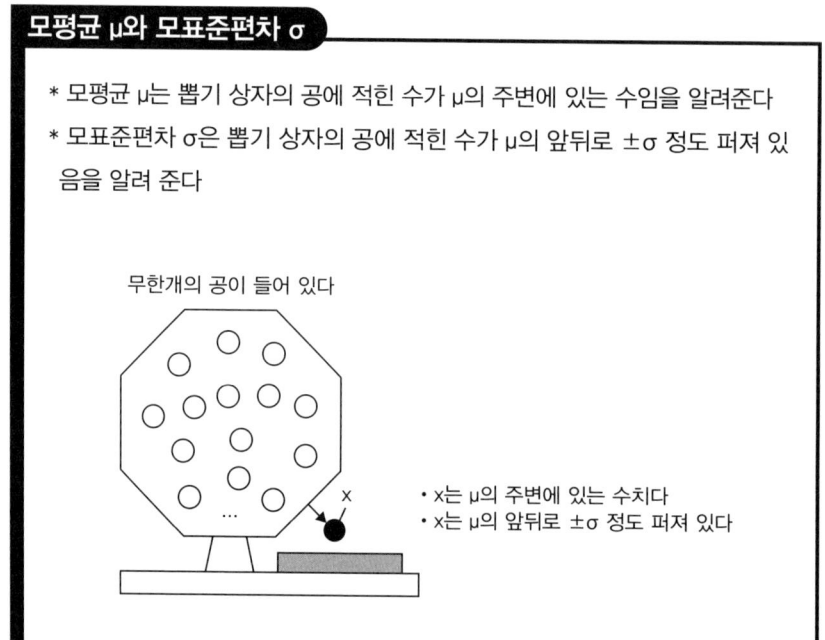

정규모집단은 통계학의 보스

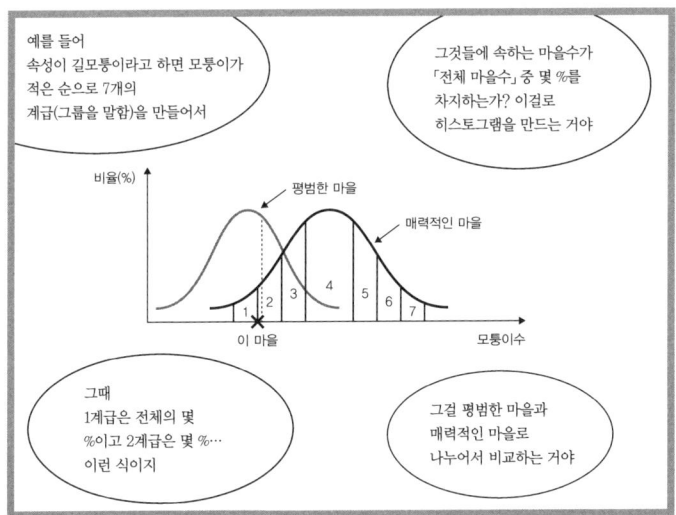

무한모집단 중 통계학에서 가장 중시되는 것은 **「정규모집단」**이다. 정규모집단은 확률분포도가 특징적인 형태를 한, 한 무리의 분포를 말한다.

정규모집단은 **이 세상에서 가장 빈번하게 보이는 모집단**이다. 인간이나 동물, 수목의 키 분포가 전형적인 정규모집단이다. 또 관측 오차나 전파의 백색 소음에서도 나타난다.

■ 정규모집단의 표준모델 ~표준정규모집단~

정규모집단에는 무한개의 종류가 있지만 가장 기본이 되는 것이 **「표준정규모집단」**이다. 이것은 **정규모집단의 표준모델**이라고 할 수 있다.

표준정규모집단의 확률분포도는 [도표-22]처럼 된다. 여기서 가로축의 x는 발생할 수 있는 수치(표본으로 관측될 수 있는 수치)이고 세로축은 그것이 출현하는 확률 밀도이다.

도표-22 ┃ 표준정규모집단의 확률분포도

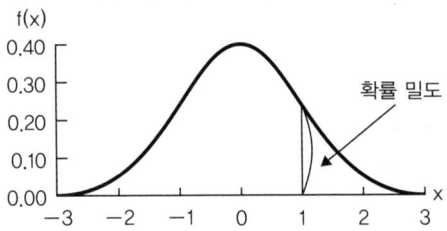

여기서 정규모집단의 확률분포의 히스토그램이 완만한 곡선을 이루고 있는 것을 보고 당황하는 사람이 많지 않을까? 「히스토그램은 막대그래프가 아니었어?」라고 말이다. 이 점에 대해서는 「막대그래프의 막대 개수가 무한개로 늘어서 그 막대가 엄청나게 가늘어진 것이 이 곡선이다」라고 이해해 주길 바란다.

[도표-23]을 보자.

도표-23 ┃ 확률분포도의 이미지

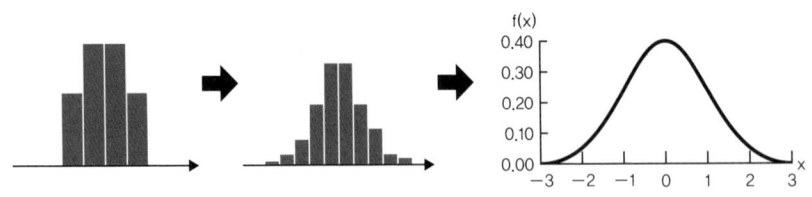

먼저 왼쪽 도표처럼 굵은 막대그래프가 있는 히스토그램을 준비한다. 그 막대들을 가늘게 쪼개서 수를 늘리면 가운데 도표처럼 된다. 그리고 막대들을 극단적으로, 즉 무한개로 쪼개어 늘려서 막대의 굵기를 0으로 만든 것이 오른쪽의 정규분포라고 생각하자.

이렇게 하면 막대 개수가 무한개가 되었으므로 지금까지처럼 「각 막대의 높이가 확률」이라고 생각하기에는 무리가 있다. 왜냐하면 무한개를 더하면 무한이 되지만 「모든 확률을 더한 값은 1」이라는 것이 확률의 제약 조건이기 때문이다.

그러므로 **막대의 높이가 아니라 「폭을 가진 영역의 면적」을 확률이라고 생각하기**로 하자.

다시 말해 **확률 밀도(곡선 높이의 수치)란 「폭을 설정하여 면적으로 만들었을 때 확률로 전환되는」 양**을 말한다. 그런데 이 개념은 이 책에서 별로 중요하지 않으므로 완전히 이해하지 못했다고 걱정하지 않아도 된다.

표준정규모집단의 확률분포도는 다음과 같은 특징을 갖는다.

표준정규모집단의 확률분포도 특징

* y축(x = 0)을 대칭축으로 하여 좌우대칭을 이룬다.
* 종 모양을 띠며 가장 높은 곳은 x = 0인 부분이다.
* 확률 밀도는 아무리 큰 플러스 x나 아무리 작은 마이너스 x도 0이 되지 않는다(그래프의 양끝이 무한대로 퍼져 있다).
* $x \geq 2$의 부분에서 그래프는 급격히 낮아진다. 마찬가지로 $x \leq -2$의 부분에서도 그래프는 급격히 낮아진다.

앞에서 말했듯이 이 확률분포에서는 면적이 확률을 나타낸다.

예를 들면 $-1 \leq x \leq 1$을 만족하는 x가 관측될 확률은 [도표-24]의 어두운 색 면적에 속하며 그것은 약 0.68이다.

도표-24 | −1≦x≦1을 만족하는 x가 관측될 확률

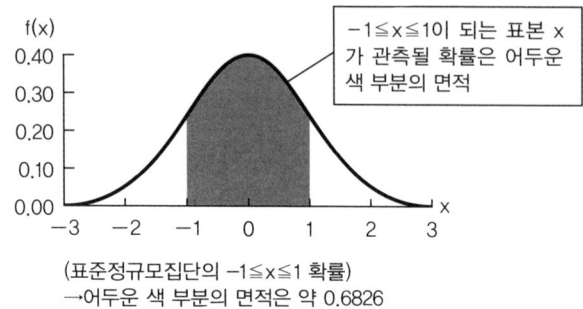

(표준정규모집단의 −1≦x≦1 확률)
→어두운 색 부분의 면적은 약 0.6826

표준정규모집단도 동전 던지기처럼 뽑기 상자를 상상하면 쉽게 이해할 수 있다.
다만 「1과 0이 각각 절반인 공으로 구성된」 동전 던지기의 도표보다는 좀 이해하기 힘들 것이다.
표준정규모집단의 뽑기 상자에 들어있는 공에는 **마이너스 무한에서 플러스 무한까지의 모든 수**가 쓰여 있다. 게다가 **각 수가 적힌 공은 각각 무한개씩** 있으며, **각각의 점유 비율도 다르다**. 0 근처에 있는 수가 적힌 공이 압도적으로 많고 2보다 큰 수가 적힌 공이나 −2보다 작은 수가 적힌 공은 현저히 적다[도표-25].

−1 이상 +1 이하인 공은 전체의 70% 정도를 차지한다. 상가의 뽑기 상자를 예로 들자면 「꽝인 공」에 해당한다.
그밖에 +2 이상인 공은 거의 나오지 않으며 전체의 2.3%정도에 그친다. 상가의 뽑기를 예로 들면 「당첨 공」이다.
마찬가지로 −2 이하인 공도 전체의 2.3%로 극히 드물다.
이를 바꿔 말하면 「**−2에서 +2까지의 수가 전체의 95.44%를 차지하고 있다**」는 말이다.

도표-25 | 표준정규모집단을 뽑기 상자를 통해 생각한다

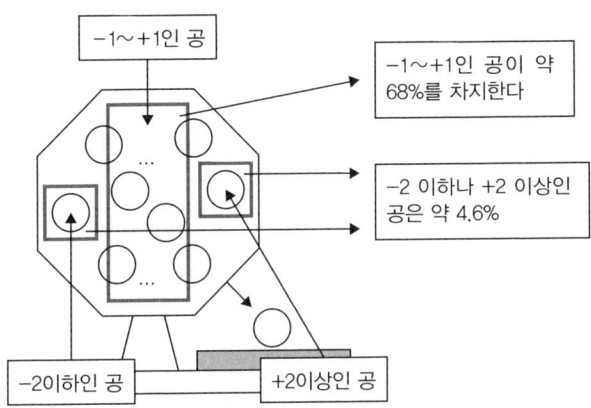

　그러므로 이 모집단에서 0.7이라는 표본이 관측되는 것은 흔한 일이며 2.6이라는 표본이 관측되는 것은 아주 드문「특별한 일」이라고 할 수 있다.

■ 일반적인 정규모집단은 표준정규모집단을 가공한 것이다

표준정규모집단이「표준모델」이라는 건, 그 이외의 것도 있다는 말인가요? 알 것 같기도 한데 어떤 식으로 도움이 되는지는 아직 잘 모르겠어요.

전에도 말했지만 정규모집단은 모평균과 모표준편차를 결정하면 특정할 수 있어. 말하자면 냉장고를 선택할 때 크기와 색을 지정하면 제품이 하나로 정해지는 것과 같아.

그렇구나, 크기가 모평균, 색이 표준편차라고 할 수 있겠네요.

그래. 냉장고를 고를 때도 점원이 가정용으로 많이 추천하는 표준모델이 있잖아? 그것이 표준정규모집단에 해당하지. 그러면 손님은 표준모델을 참고로 해서 크기를 어떻게 할지, 다른 색의 냉장고를 선택할지 생각하는 거야.

그러면 표준정규모집단의 「표준」은 어떤 의미인가요?

 표준정규모집단의 「표준」은 모평균이 0이고 모표준편차가 1인 경우를 말해. 0과 1은 이 세상의 「기준수」야. 또는 어떤 정규모집단의 수치도 표준화하면 표준정규분포의 수치로 변하지. 그것도 표준의 의미야.

정규모집단의 종류는 무한개이다. 그러나 일반적인 정규모집단은 모두 이 표준정규모집단을 가공하면 쉽게 만들 수 있다.

즉 표준정규모집단 그래프를 좌우로 확대하여 가로축 방향으로 평행 이동시키면 얻을 수 있는 것이다. 그런 이유로 「표준」이라는 이름이 붙었다.

구체적으로는 다음과 같은 순서로 정규모집단을 만들 수 있다.

도표-26 | 일반적 정규모집단을 만드는 방법

1단계 y축을 중심으로 좌우로 σ배로 늘린다. 모든 확률이 1인 것을 유지하기 위해 그래프의 높이는 σ분의 1로 낮아진다.

2단계 산꼭대기 부분인 x좌표가 μ가 되는 곳까지 가로축 방향으로 평행 이동한다.

[도표-27]은 σ = 2, μ = 3에 대한 구체적인 예다.

표준정규모집단의 확률분포도를 양쪽으로 2배로 확대하고(동시에 높이를 2분의 1로 낮춘다) 그래프 전체를 가로축 방향의 왼쪽으로 +3만큼 옮긴다.

이렇게 하면 종모양의 산꼭대기는 +3으로 가게 된다. 또 산꼭대기의 높이는 원래보다 낮아지고 산자락 끝은 원래보다 높아진다.

산꼭대기(가장 관측되기 쉬운 표본의 값)가 +3인 곳임을 보면 이 정규모집단의 **모평균이 3**인 것을 알 수 있다. 또 양쪽을 2배로 늘렸더니 흩어져 있는 정도와 퍼진 정도가 2배가 되므로 **모표준편차는 2**다.

일반적인 정규모집단의 경우에도 **평행이동한 양인 μ는 모평균**이 되고, **확대율인 σ는 모표준편차**가 된다.

도표-27 | σ = 2, μ = 3인 경우

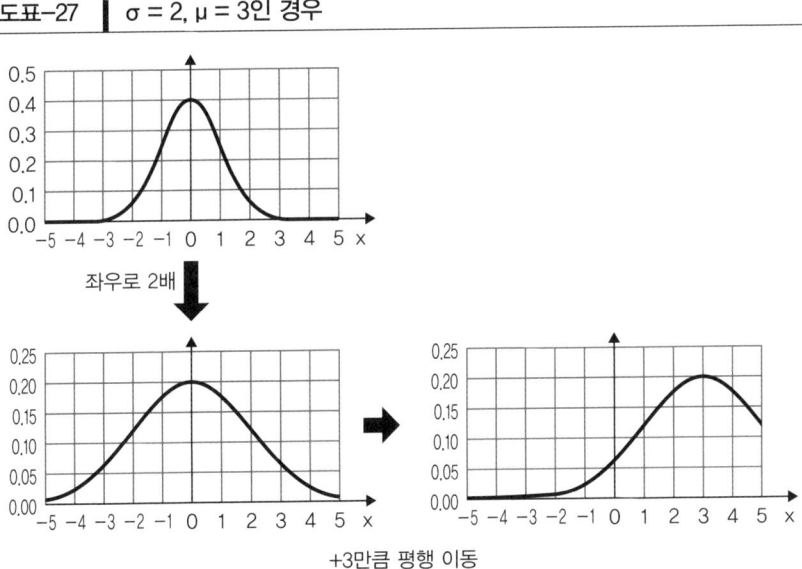

좌우로 2배

+3만큼 평행 이동

■ μ와 σ의 역할

표준정규모집단에서 일반적 정규모집단을 만드는 그래프상의 조작을 뽑기 상자로 빗대어 생각하면 다음과 같다. 이것을 이해하면 일반적 정규모집단의 뽑기 상자와 표준정규모집단의 뽑기 상자의 관계를 머릿속에 그려볼 수 있게 된다. 그리고 그 이미지를 사용하면 일반적 정규모집단에 대한 추정을 표준정규모집단 추정으로 전환할 수 있다. 결국 표준모델만 알고 있으면 된다는 말이므로 알아두면 무척 편리할 것이다.

①표준정규모집단의 뽑기 상자에 들어 있는 공을 일단 전부 꺼낸다
　↓
②각 공에 적혀 있는 수를 모두 일률적으로 σ배한 다음, μ를 더하여 고쳐 쓴다

139

③공들을 다시 뽑기 상자에 집어넣는다

이렇게 해서 수정한 뽑기 상자는 평균이 μ이고 표준편차가 σ인 정규모집단이 된다.

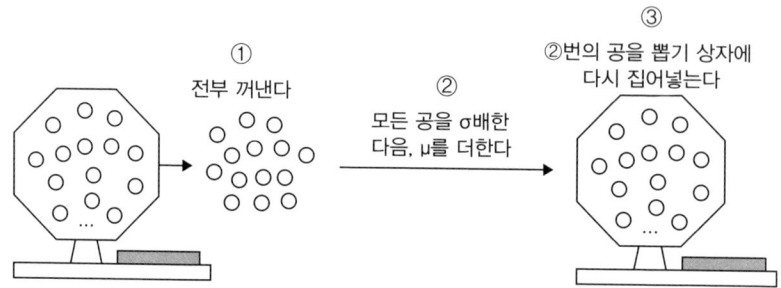

평균 μ는 확률분포도의 산꼭대기 위치에 있어서 가장 쉽게 관측할 수 있는 수치다. 따라서 「어떤 수치가 표본으로 관측될지 예언하라」는 질문을 받으면 「**μ의 주변이겠지**」 **라고 예언하는 것이 타당**하다.

그러나 이 예언이 얼마나 확실할지는 분포의 「흩어지거나 퍼진 정도」에 좌우된다. 이것을 나타내는 것이 표준편차 σ이다. **모표준편차 σ가 작을 때**는 산꼭대기가 높고 양 끝자락이 낮은 분포를 이룬다. 즉 μ의 주변에 있는 수가 많으므로 μ의 옆에 있는 수가 관측되기 쉽다.

다시 말해 **예언이 꽤 정확하게 적중된다.**

한편 **모표준편차 σ가 클 때**는 산꼭대기가 낮고 양끝자락이 높은 분포를 이룬다. 이 경우 μ에서 멀리 떨어진 수치도 꽤 빈번하게 관측되기 때문에 **예언이 빗나갈 가능성이 높아지며 확실성이 떨어진다.**

또 정규모집단은 μ와 σ이 결정되면 하나로 정해진다. 특히 표준정규분포는 μ = 0, σ = 1에 대응한다.

■ 「일반」을 「표준」으로 가공하는 표준화

앞에서 표준정규모집단의 뽑기 상자를 일반 정규모집단의 뽑기 상자로 만드는 방법을 설명했다. 이것을 역으로 이용하면 일반 정규모집단의 뽑기 상자를 표준정규모집단의 뽑기 상자로 만들 수도 있다.

이것은 각종 외국어를 한국어로 자동 번역해 주는 번역 사이트와 유사하다. 이 구조를 알면 추정문제를 언제나 표준정규모집단의 언어로 생각할 수 있게 되기 때문에 무척 편리하다.

일반 정규모집단을 표준정규모집단의 수치로 변환하려면 앞에서 한 내용을 역산하면 된다.

표준정규모집단
→ (좌우 양쪽으로 σ배 확대, 가로축 방향으로 μ만큼 이동)
→ (평균 μ, 표준편차 σ의 정규모집단)

이었으므로 화살표 반대 방향으로 거슬러 올라가면

(평균 μ, 표준편차 σ의 정규분포)
→ (가로축 방향으로 −μ만큼 이동, σ분의 1 축소)
→ 표준정규모집단

이 된다.
[도표-27]을 예로 들면
  (평균 2, 표준편차 3인 정규모집단)
→ (가로축 방향으로 −2만큼 이동, 3분의 1 축소)
→ 표준정규모집단

이 되는 것이다.
식으로 나타내면 평균 $μ$, 표준편차 $σ$의 정규모집단의 수치 x를 표준정규모집단의 수치로 가공할 경우, 다음과 같이 계산하면 된다.

(x − 평균값)÷표준편차 = (x − μ)÷σ

이 계산을 잘 살펴보면 앞에서 설명한 「**데이터 표준화**」과정과 동일하다는 것을 알 수 있다.

즉 표준화 조작을 정규분포에 적용하면 「정규모집단의 수치를 표준정규모집단의 수치로 가공하는 것」과 같다는 말이다. 이것은 「표준화」라는 작업이 얼마나 중요한지 알려주는 근거다.

■ 표준정규모집단이 포인트

이런 성질에서 「**정규모집단을 다룰 때는 표준정규모집단의 지식만 있으면 충분**」하다는 것을 알 수 있다. 정규모집단에 관해 알고 싶은 점을 표준정규모집단의 문제로 변환할 수 있기 때문이다.

한 가지 구체적인 예를 들어보자.

「평균 μ = 8, 표준편차 σ = 3인 일반정규모집단에서 +2이상 +14이하인 표본이 관측될 확률」을 알고 싶다고 하자.

이 문제를 풀려면 표준화하여 표준정규모집단 문제로 변환하면 된다.

+2와 +14 각각의 수치에서 모평균 8을 빼고 그 값들을 모표준편차 3으로 나눈다.

+2 →표준화→ (2 − 8)÷3 = −2
+14→표준화→ (14 − 8)÷3 = +2

이렇게 변환하면 이것은

「**표준정규모집단에서 −2이상 +2이하인 표본이 관측되는 확률**」

과 같다는 것을 알 수 있다.

이것이 0.9544라는 것은 앞에서 이미 설명했다. 이런 확률은 표준정규분포표(대개 통계학 서적 부록으로 첨부된다)를 참조하거나 엑셀 프로그램 등을 이용하면 답을 구할 수 있다.

■ 표준편차의 2배에 주목하는 이유

앞에서 데이터의 「특별함」은 「표준화했을 때의 값이 2이상 또는 -2이하」일 때 판단할 수 있다고 설명했다.

정규모집단을 상정할 때는 이 점이 더 강하게 부각된다.

정규모집단의 표본을 표준화하면(모평균을 뺀 다음 모표준편차로 나눈다) 그것은 표준정규모집단에서 관측된 수치라고 간주하게 된다.

그런데 지금 설명했듯이 표준정규분포에서 2이상 또는 -2이하인 수치가 관측될 확률은 약 4.6%이다. 이것은 표준정규모집단을 나타내는 뽑기 상자에는 2이상 또는 -2이하의 수치를 적은 공은 약 4.6%밖에 들어있지 않다는 말이다.

그러므로 **「표준화했을 때의 값이 2이상 또는 -2이하」**인 표본을 관측하는 것은 **「일어날 확률이 4.6% 정도인 아주 드문 사건」**이라고 간주할 수 있다. 이것이 이들 관측값을 「특별」하다고 보는 근거다.

참고로 정규모집단이 아닌 모집단의 경우에도 대략 이 기준을 이용한다. 그것이 앞에서 설명한 특별함을 판단하는 기준이다.

모분산과 모표준편차의 법칙

 마지막으로 다음 장의 내용을 설명할 때 중요한 법칙을 소개하도록 하자. 다음 장에서는 여러 개의 뽑기 상자에서 공을 꺼내고 그 수치를 더하거나 평균하는 작업을 한다. 그 일을 이해하기 위한 법칙이다.
 여기서는 다음과 같은 상황을 생각해보자.
 A라는 뽑기 상자가 있다고 하자. 이 뽑기 상자의 공을 전부 꺼내서 그 공에 적힌 수를 전부 2로 나눈 다음 그 수를 적는다. 그리고 그 공들을 다시 상자에 집어넣은 뽑기 상자를 B라고 한다. 뽑기 상자 A와 뽑기 상자 B의 모평균, 모분산, 모표준편차는 어떤 관계가 될까?
 미리 답을 말하자면 B의 모평균은 A의 모평균의 절반이 된다. B의 모분산은 A의 모분산의 4분의 1이 된다. B의 모표준편차는 A의 모표준편차의 절반이 된다.
 이것을 일반화한 것이 다음 법칙이다.

2장 정규분포 ~통계학의 보스를 공략한다~

모집단의 정수배 법칙

모집단 A의 뽑기 상자에 들어있는 공에 적힌 모든 수를 n으로 나누어서 모집단 B의 뽑기 상자를 만든다. 이때,

[모집단 B의 모평균] = [모집단 A의 모평균]÷n
[모집단 B의 모분산] = [모집단 A의 모분산]÷n^2
[모집단 B의 모표준편차] = [모집단 A의 모표준편차]÷n

예를 들면 모집단 A의 모평균이 10이고 모표준편차가 6이라고 하자. 이것은 모집단 A의 뽑기 상자에 들어 있는 공의 수치의 평균값이 10이고 표준편차가 6이라는 말이다.

참고로 모분산은 모표준편차의 제곱이므로 공의 수치의 분산은 $6 \times 6 = 36$이다. 이때 모집단 A의 뽑기 상자의 수치를 전부 2로 나눈 뽑기 상자가 나타내는 모집단을 B라고 하자.

모평균은 **[공에 적힌 수]×[그 공의 비율]**의 합계로 계산되기 때문에 [공에 적힌 수]가 전부 2분의 1이 되면 (공의 비율은 그대로이므로) 모평균도 2분의 1이 된다. 즉 모집단 B의 모평균은 10 ÷ 2 = 5가 된다.

다음으로 편차는 공에 적힌 수에서 평균값을 뺀 수치다. 수치도 평균도 2분의 1이 되기 때문에 편차는 2분의 1이 된다. 그러면 편차 제곱은 $2^2 = 4$이므로 모두 4분의 1이 된다.

모분산은 **[편차 제곱] × [그 비율]**의 합계이다. 그러므로 모분산은 4분의 1, 즉 36 ÷ 4 = 9이다. 마지막으로 모표준편차는 모분산의 루트이므로 $\sqrt{36 \div 4} = \sqrt{36} \div \sqrt{4}$가 된다. $\sqrt{36}$이 A의 모표준편차를 나타내고 $\sqrt{4} = 2$이므로 B의 모표준편차도 6 ÷ 2 = 3으로 원래의 2분의 1이 된다.

이 법칙을 이용한 계산은 제3장을 참조하기 바란다.

프롤로그 통계학이란

1장 평균과 표준편차 ~데이터의 비밀을 파헤치다~

2장 정규분포 ~통계학의 보스를 공략한다~

3장

가설검정
~데이터로 가설의 성립 여부를 판단한다~

4장 구간추정 ~안전한 예측을 한다~

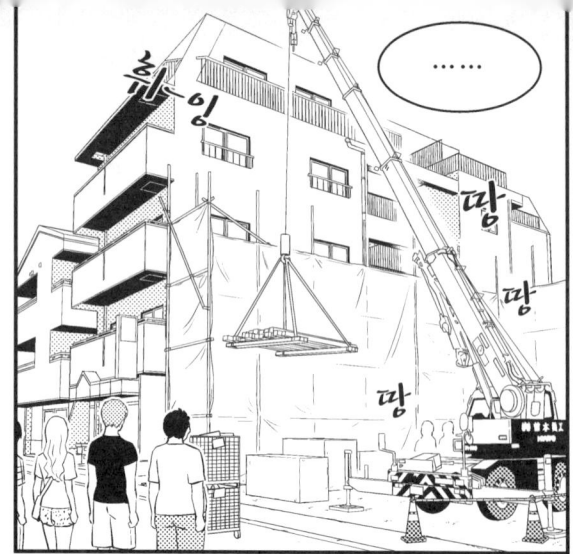

설마 그렇게 기뻐하실 줄이야…

엄청 기대하시던데… 이러다 성과가 안 나면…

휘—잉

더… 더 이상 생각하지 말자

두 두 두 땅 땅 땅

한 달 후

우와!

ミニ一商店街

생각보다 더 좋은데?

숨바꼭질거리

한 달 후

데이터 이면에 있는 모집단을 예상한다 ── 추리통계 입문

지금까지 한 설명을 이해한 상태에서 이제 추리통계를 설명하도록 하겠다.
추리통계는 **「표본을 보고 어떤 모집단인지」 추측하는 기법**이다.
그러려면 모집단을 다음과 같이 세팅해야 한다.

도표-28 │ 추리통계 세팅

 세팅 1   모집단의 유형을 정한다

↓

세팅 2   이 유형의 모집단을 구별하기 위한 파라미터를 도입한다

■ 추리통계 세팅

그러면 예를 들어 보자.
먼저 「모집단의 유형」을 「동전 던지기」로 세팅하자. 이것은 모집단이 「1 또는 0이 관

3장 가설검정 ~데이터로 가설의 성립 여부를 판단한다~

측되는」유형이다. 1이 동전의 앞면이고 0이 동전의 뒷면에 해당한다. **[세팅 1]**

그런데 실제로 동전 던지기를 할 때는 모든 동전이 새 동전이 아닐 경우가 많다. 무게중심이 중앙에서 벗어나 있어서 앞면이나 뒷면 중 하나가 더 잘 나올 수도 있다. 그러므로 실제 동전 던지기에서 1이 관측될 확률과 0이 관측될 확률이 절반인 0.5씩이 아닐지도 모른다.

이때 앞면이 나올 확률을 p라는 변수로 놓으면 이 변수 p가 **[세팅 2]**의 파라미터가 된다. 파라미터를 번역하면 모수(母數)이지만 「파라미터」라는 용어를 그대로 사용하는 경우가 많다.

요컨대 **파라미터p의 값을 하나 정하면 동전 던지기의 유형 중에서 모집단이 한 개 선출된다**는 것이다.

이 예는 「**주목하는 것은 동전 던지기라는 구조를 가진 모집단이고 앞면이 나올 확률 p로 각각이 구별되며 p가 변하면 모집단도 변화한다**」는 설정을 나타낸다. p = 0.5라면 정상적인 동전 던지기의 모집단, p = 0.53이면 앞면이 잘 나오는 동전 던지기의 모집단이고 p = 0.45라면 뒷면이 잘 나오는 동전 던지기의 모집단이라는 말이다.

이 예를 들자면 통계적 추정이란 「**동전 던지기를 몇 번 관측하고 그 표본들(1 또는 0으로 이루어진 수의 배열)로 파라미터p 값을 추리하는**」방법이다.

그럼 다른 예를 하나 더 들어보자.

이 경우 관측하고 있는 표본은 정규모집단에서 나온다고 상정한다. 그것이 [세팅 1]에서의 [유형]에 해당한다. 그리고 그 정규모집단의 종류는 모평균 μ와 모표준편차 σ로 결정된다. 그것이 [세팅 2]이다. 변수 μ와 변수 σ가 파라미터라고 불리는 것이다.

이때 통계적 추정은 「**정규모집단에서 나온 표본을 몇 개 관측하여 그 표본들로 파라미터 μ 또는 σ, 또는 둘 다 추정하는**」방법이다.

도표-29 | 통계적 추정

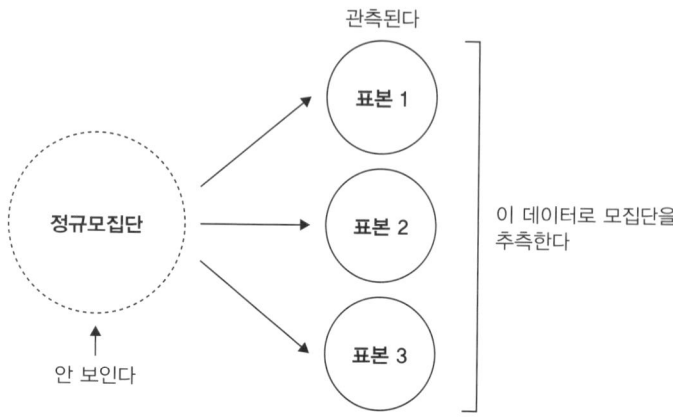

■ 통계적 추정은 일상에도 있다

추상적으로 설명했지만 이것은 우리가 평소에 하는 추측을 형태화한 것이다.

예를 들어 우리는 기계를 조작할 때 정상 가동(0이라고 하자)과 고장(1이라고 하자)의 데이터를 모아서 기계가 고장 날 확률(p라고 하자)을 도출한다.

또 예를 들면 언론은 투표 날 출구조사를 해서 A후보의 득표율(표본)로 전체 투표 속의 득표율(p)을 추정하여 당선 여부를 판단한다. 또는 국가기관은 다수의 한국남성의 키 표본으로 한국의 모든 남성의 평균키(μ)와 표준편차(σ)를 도출한다.

이것은 모두 통계적 추정이다.

통계적 추정과
확률의 순(順)문제·역(逆)문제

 추리통계는 우리 일상에서 흔히 쓰이는 방법이었군요. 하지만 기술통계와 추리통계가 따로 있는 건 좀 번거롭지 않나요?

 물론 그 둘이 완전히 다른 방법론을 이용한다면 번거롭지. 하지만 둘 다 공통된 통계량을 이용하니까 한 번 이해하면 그렇게 번거롭지 않아.

이 책에서는 통계적 추정의 두 가지 기법, **「가설검정」**과 **「구간추정」**을 설명한다. 제3장에서는 가설검정을, 다음 장에서는 구간추정을 다루겠다.

실은 둘 다 같은 원리를 이용하지만 겉모습은 다르다.

통계적 추정을 이해할 때 주의해야 할 점은 **모집단과 표본과의 관계가 역전된다**는 것이다.

지금까지는 모집단을 고정하고 거기서 관측되는 표본의 움직임에 대해 생각했다.

예를 들어 모집단을 모평균 μ = 0, 모표준편차 σ = 1인 표준정규모집단이라고 하자. 이때 관측되는 표본(데이터)을 정확하게 맞히는 것은 물론 불가능하다. 관측되는 표본은 확률 현상이므로 불확실하게 다양한 값을 갖고 있기 때문이다.

즉 지금까지는 「**모집단을 알고 있고 표본을 모를 때, 표본에 대해 어떤 것을 예언할 수 있는가**」를 보아왔다.

표준정규모집단의 경우 관측되는 표본은 알 수 없지만 그 경향성은 예언할 수 있다.

실제로「관측되는 표본은 대개 0의 근처에 있을 것이다」라는 언급은 올바르다. 좀 더 정확하게 표현하고 싶다면「−1 이상 +1 이하의 표본이 관측될 확률은 약 0.68」이라고 언급할 수 있다.

이처럼 확률 현상에 대해 언급하려는 것을 「**확률의 순문제(順問題)**」라고 부르기로 하자.

통계적 추정에서는 추론의 방향이 이와 반대라는 점이 포인트다.

표본은 이미 관측되었고 알 수 없는 것은 모집단(의 파라미터)이다.

예를 들어 어느 나라의 세 여자의 키를 관측하고 그것을 표본으로 한다고 하자. 그 3개의 표본값으로 그 나라의 모든 여자의 키의 모집단에 대해 추론하는 것이다.

이제부터 이것을 「**확률의 역문제(逆問題)**」라고 부르겠다.

[도표-30]은 동전 던지기의 유형을 예로 들어 확률의 순문제와 역문제의 차이점을 나타낸 것이다.

도표-30 | 확률의 순문제와 역문제의 차이

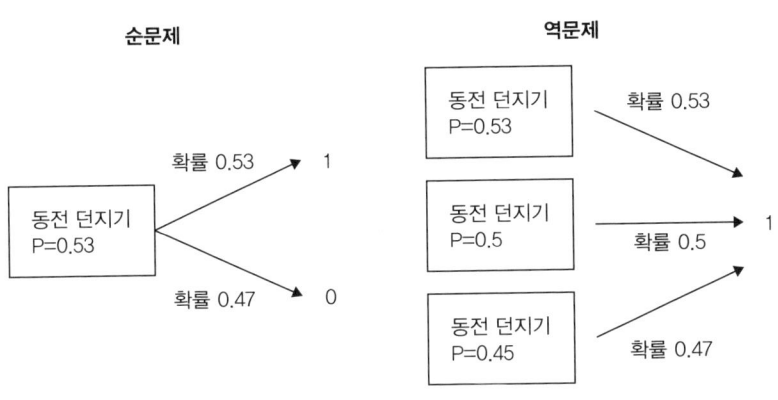

■ 가설검정의 핵심 비법

이 장에서 다루는 추리통계 기법인 가설검정의 원리는 다음과 같이 요약할 수 있다.

도표-31 | 가설검정의 원리

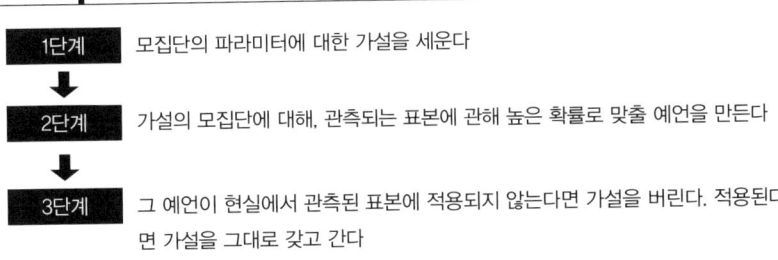

이렇게만 설명하면 너무 추상적이니 비슷한 예를 들어보겠다.

예를 들어 외출을 했는데 집 열쇠가 없는 것을 알아차렸다. 그때 「집에 두고 왔다」는 가설을 세운다고 하자. [1단계] 그리고 「집에 두고 왔다」는 가설이 올바르다면 「열쇠는 현관에 둔 것이 거의 확실하다」고 하자. [2단계] 이때 집에 전화를 해서 현관에 열쇠가 있는지 확인할 것이다. 열쇠가 거기에 없으면 「집에 두고 왔다」는 가설은 버리게 된다. [3단계]

이 과정을 차근차근 모집단의 구조에서부터 밟아나가는 것이 가설검정이다.

■ 확률의 역문제를 순문제로 고친다

이 원리가 통계적 추정의 「핵심 비법」이 되는 것은 앞에서 설명한 「역문제」를 「순문제」로 고칠 수 있기 때문이다.

가설을 설정하는 것은 모집단을 하나로 고정하는 것이며, 그로 인해 확률의 순방향에 대해 논의할 수 있게 되기 때문이다.

이제부터 구체적인 예를 들어 설명하겠다.

정규모집단 모평균의 가설검정

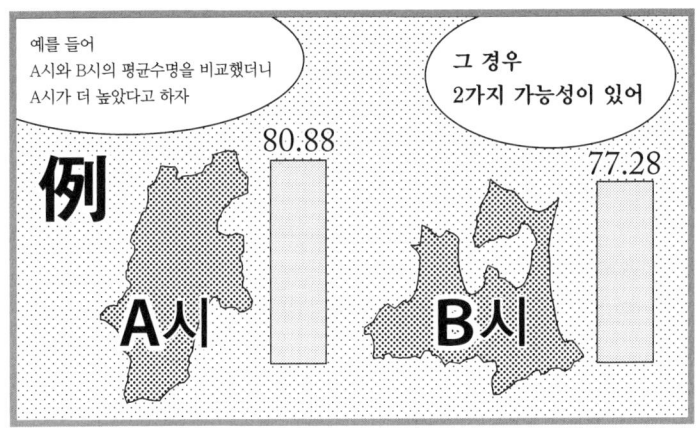

간단한 예를 들어 가설검정에 대해 살펴보겠다. 다음 경우를 생각해보자.

> **[Case 1] 삼각 김밥 제조기는 정상인가?**
> 당신이 삼각 김밥을 만드는 회사 사장이라고 하자.
> 삼각 김밥은 기계로 만들며 평균 무게가 110그램으로 설정되어 있다. 그런데 최근 「삼각 김밥 제조기의 무게 조정이 잘못되어 110그램이 평균이 아닐지도 모른다」는 생각이 들었다. 그래서 삼각 김밥 중 1개를 아무거나 집어 들어 무게를 쟀다. 그 삼각 김밥의 무게는 115그램이었다.
> 당신은 경험적으로 조정 상태가 아무리 잘되어 있어도 삼각 김밥 제조기가 만드는 삼각 김밥의 무게의 표준편차가 2그램이라는 것을 알고 있었다.
> 자, 삼각 김밥 제조기를 정상적 조정 상태라고 판단해야 할까?

[Case 1]은 다음과 같이 정리할 수 있다.

삼각 김밥 제조기는 110그램인 삼각 김밥을 제조하도록 설정되어 있지만 아무리 기계라고 해도 항상 정확하게 110그램으로 만들지는 못한다. 약간 더 무겁거나 가볍게 만들어지기도 한다. 그러므로 평균적으로 110그램이 되도록 조정되어 있는 것이다.

자, 삼각 김밥 1개의 무게를 실제로 측정했더니 115그램이었다. 110그램보다 5그램이 무거운데 이것을 「우연한 오차 범위 내」라고 할 수 있을까? 아니면 평균값 자체가 110그램으로 조정되어 있지 않아서 생긴 「필연적 수치」일까?

가설검정은 이러한 **「우연인가 필연인가」를 정하는 방법론**이다.

이 문제설정은 앞에서 해설한 **「역문제」**가 되었다는 점에 주목하자. **여기서 알 수 없는 것은 모집단 쪽이다.**

정규모집단이라는 「유형」은 알고 있지만 그 모평균 μ를 모르는 것이다. 한편 표본은 115그램이라고 관측되었다.

가설검정에서는 [1단계, 2단계, 3단계] 순으로 「역문제」를 「순문제」로 전환한다.

[1단계]
삼각 김밥 제조기가 만드는 삼각 김밥의 무게가 모평균 μ, 모표준편차 2의 정규모집단이며 모평균 μ가 110이라는 가설을 세운다.

[2단계]
이 가설이 올바르다면 관측되는 삼각 김밥의 무게는 모평균 110, 모표준편차 2의 정규모집단의 표본이 된다. 그러므로 무게 범위를 **95%라는 높은 확률로 적중하도록 예언**할 수 있다.

> [3단계]
> 2단계의 예언의 범위에 표본인 115그램의 삼각 김밥이 들어가지 않을 경우, 이 가설은 기각한다. 들어가 있을 경우는 가설을 유지한다.
> 참고로「기각」은「버린다」는 뜻의 전문용어이며, 재판에서 주로 쓰인다.

이 내용을 읽으면 알겠지만「모평균 $\mu=110$」이라는 가설을 세워야만 관측되는 표본이 어떤 범위의 수치인지 언급할 수 있다. 즉 **가설을 세워서 모집단을 고정함으로써 확률의 역문제가 순문제로 전환되는** 것이다.

■ 5%의 확률 ～유의수준～

여기서「기각할 확률 5%」를 전문용어로「유의수준」이라고 한다. **「가설이 정확하다는 전제하에서 5% 이하의 확률로만 일어나는 일은 매우 드문 일이며 보통이 아니다」**라고 판단하는 지표이다. 이 경우「가설을 기각하는」것이다.

반대로 말하자면 **「가설이 정확하다는 전제하에서 95%의 확률로 일어나는 일은 일어나도 이상하지 않은 평범한 일」**이라고 판단한다.

「유의(有意)」란「일어난 일이 의미를 가진다」즉「우연이 아니다」라는 것을 표현하는 말이다.

여기서 5%라는 수치에 어떤 과학적인 근거가 있는 것은 아니다.「상당히 엄격한 수치」를 일단 5%로 정한 것뿐이다. 실제로는 더 엄격한 기준을 적용하고 싶을 때는 1%로 정할 때도 있다.

■ 삼각 김밥의 가설검정을 풀어보자

그러면 3단계를 따라 삼각 김밥의 가설검정을 실행해보자. 여기서 포인트가 되는 것은 141쪽에서 설명한 정규모집단의 표준화 기법이다.

모평균 μ, 모표준편차 σ의 모집단에서 뽑은 표본 x는 표준화 계산, 즉,

[표본 − 모평균] ÷ [모표준편차] = (x − μ) ÷ σ

을 계산하면 표준정규모집단의 수치로 가공할 수 있다는 것을 기억해내자.

그러면 지금 **[1단계]**에서 모집단이 모평균 μ=110, 모표준편차 σ=2인 정규분포라고 가정했다.

[2단계]에서는 이를 근거로 관측되는 표본 범위를 그것이 95% 확률이 되도록 예언한다.

표준정규모집단에서 관측되는 표본 범위를 95% 확률로 만들려면 다음과 같이 설정하면 된다.

표준정규모집단의 95% 범위

표준정규모집단에서 관측되는 표본이 **−1.96 이상 + 1.96 이하**일 확률은 0.95

제2장 136쪽에서 「**표준정규모집단의 뽑기 상자에 들어 있는 공의 −2에서 +2까지의 수치는 전체의 95.44%를 차지한다**」고 했던 것을 떠올리자.

95.44%를 95%로 좁히려면 범위 「−2 이상 2 이하」를 좀 더 좁혀야 한다. 그래서 범위 「−1.96 이상 +1.96이하」까지 좁히면 95%가 될 수 있다. 이 「1.96」은 추리통계에서 중요한 수치이므로 잘 기억해두자.

이 수치를 이용해 삼각 김밥 문제를 풀도록 하겠다.

[1단계]에서 모집단을 모평균 μ=110이라고 가정했다. 그리고 모표준편차 σ=2는 미리 제공되어 있다. 이 가정으로 모집단이 특정되었으므로 **[2단계]**로 들어가, 관측되는 표본을 95%의 확률로 예언할 수 있게 된다.

95%의 확률로 관측될 수 있는 수치를 x라고 하면 「x의 표준화」는 표준정규분포를 따르므로 앞에서의 −1.96 이상 +1.96 이하의 수치가 될 것이다.

이것을 부등식으로 나타내면

$-1.96 \leq$ (x의 표준화) $\leq +1.96$

이다.

그러므로 표준화를 식으로 수정하면

$-1.96 \leq (x-110) \div 2 \leq +1.96$

으로 쓸 수 있다.

세 변에 각각 2를 곱한다.

$-1.96 \times 2 \leq (x-110) \div 2 \times 2 \leq +1.96 \times 2$

가운데 부분은 2로 나누고 2를 곱했으므로 상쇄된다.

$-3.92 \leq x-110 \leq +3.92$

여기에 각각 110을 추가하자.

$110-3.92 \leq x-110+110 \leq 110+3.92$

가운데 부분에서는 110을 빼고 110을 더하고 있으므로 상쇄되어서

$106.08 \leq x \leq 113.92$

가 된다.

이 계산으로 다음과 같은 내용을 알 수 있다.

「가정하고 있는 모평균 110, 모표준편차 2인 모집단에서 표본을 관측하면 표본x는 95%의 확률로 $106.08 \leq x \leq 113.92$에 해당한다.」

이제 **[2단계]** 작업이 완료되었으므로 3단계로 이행하자.

당신은 실제로 1개의 삼각 김밥의 무게를 관측했다. 이 표본은 115그램이다. 이것을 x의 범위와 비교하면 관측되는 표본x는 95%라는 높은 확률로

$106.08 \leq x \leq 113.92$

를 만족시킬 것이다.

그러나 현실에서 관측된 표본은 115이므로 이 범위에 들어가지 않는다. 이렇게 된 원인에 대해서는 두 가지 가능성이 있다.

[원인 1] 가설이 틀렸으므로 관측치가 예언에 해당하지 않는다
[원인 2] 가설은 정확하지만 운이 없어서 5% 미만으로만 관측되는 드문 수치의 표본
     이 관측되었다

가설검정에서는 둘 중 **[원인 1]**을 채택한다.
즉 「**가설이 잘못되었으므로 기각한다.**」 이것이 가설검정의 가장 중요한 발상법이다.

설명이 길어졌으므로 해답을 간결하게 써보자.

[1단계]
모평균 $\mu=110$을 가설로 설정한다. 모집단은 모평균 $\mu=110$, 모표준편차 $\sigma=2$인 정규 모집단이 된다.

[2단계]
95%의 확률로 관측되는 표본 x의 범위를 구한다.
표준화했을 때의 부등식
$-1.96 \leq (x-110) \div 2 \leq +1.96$
을 풀면,
$106.08 \leq x \leq 113.92$

[3단계]
관측한 표본 115가 [2단계]의 부등식의 범위에 들어가지 않으므로 **가설은 기각된다**. 즉, 삼각 김밥 제조기가 만드는 삼각 김밥의 평균 무게는 110그램에서 벗어나 있다는 결론을 내린다.

■ 「5%」가 의미하는 것

🤔 우연인지 필연인지를 정말 계산할 수 있단 말이에요?

😐 예를 들어 마술사가 너한테 조커가 없는 트럼프를 주고 네가 고른 카드를 뒤집어서 탁자 위에 놓게 한다고 하자. 마술사가 그 카드의 마크가 검은색인지 빨간색인지 맞히기로 하고 20번을 하면 몇 번쯤 맞히는 게 자연스러울까?

🙂 빨간색과 검은색은 반반이니까 20번을 하면 10번 정도는 맞히겠죠.

😐 그래, 딱 절반인 10번을 맞추면 이상할 게 없겠지. 그러면 11번이나 9번을 맞혔다면?

🙂 그것도 자연스럽죠. 아무리 확률이 50%라고 해도 딱 절반만 일어나는 게 아니니까 그 정도는 문제가 없죠.

😐 그럼 20번 전부 맞혔다면?

🤔 그건 거의 기적이네요. 그 마술사는 초능력자가 아닐까요?

통계학에서는 초능력 같은 건 고려하지 않아. 20번 전부 맞출 확률은 약 100분의 1이야. 그런 일이 우연히 일어났다고 생각할 수는 없지. 그럴 때 통계학은 「어떤 필연성이 있다」고 판단해. 즉 그 마술사가 어떤 속임수를 써서 맞히고 있다고 생각하는 거야. 카드 뒷장을 보면 마크를 알 수 있다거나 하는 어떤 장치가 있다고 판단하는 거지.

 20번은 좀 극단적이지만 14번이나 15번을 맞혔을 경우에는 어떻게 판단하면 좋을까요?

 그래, 애매모호한 경우에는 그 사람의 판단 기준에 따라서 판단 내용이 달라지기 십상이지. 그래서 통계학은 명확한 기준을 정하고 있어. 그것은 95% 범위내의 확률이라면 우연이라고 간주하고 5% 미만의 확률로 일어나는 일이 발생했다면 그것은 우연이 아니라 「어떤 원인이 있다」고 생각하지.

 5%가 절대적인 기준인건가요?

 절대적인 건 아니야. 잘 사용하는 기준일 뿐이야. 경계심이 강하다면 10%로 설정하는 게 좋지. 하지만 그 경우 우연히 일어난 일도 필연이라고 단정 지을 우려가 있어. 반대로 강한 확신을 갖고 싶다면 더 엄격하게 1%로 설정하면 돼. 실제로 통계학에서는 1%를 기준으로 하는 경우도 있어. 하지만 그렇게 하면 필연적으로 일어난 일을 우연이라고 생각하고 놓치기 쉬워. 일장일단이 있는 거지.

 결국은 목적에 따라 다르다는 말이군요. 기준을 정한 사람이 틀렸을 때의 책임을 져야겠네요.

지금까지 등장한 「5%」라는 수치를 「유의수준」이라고 부른다고 앞에서 이야기했다. 가설검정에서 유의수준이란 **「이 확률로 관측값의 범위에 들어가지 않는다면 그것은 우연이 아니라 필연이라고 판단한다」**는 기준이다. 위의 예로 말하자면 가설이 올바를 때 106.08그램에서 113.92그램까지의 삼각 김밥이 만들어졌을 경우에는 「우연의 범위 내」라고 인식하지만 이 범위에서 벗어난 경우에는 「가설이 틀렸다는 필연에서 온 수치」라고 판단한다는 말이다.

물론 「가설을 기각했을」 때 「**[원인 2] 가설은 올바르지만 운이 없어서 5% 미만으로만 관측되는 드문 수치의 표본이 관측되었다.**」**가 진실이었다**는 불운한 일도 일어날 수 있다. 적다고 해도 5%의 확률이므로 일어날 수 있는 일이다.

이때 가설검정은 「가설이 올바른데도 기각하는」 오류를 범하게 된다.

즉 삼각 김밥 제조기 문제에 이 가설검정을 계속 적용하는 한 100번에 5번 정도는 잘못을 저지른다는 것이다.

따라서 이러한 「확률의 역문제」로 「절대적으로 올바른 판단」을 기대하는 것은 무리다. 그러므로 100번 해서 95번은 올바른 판단을 할 수 있는 방법이라면 만족한다는 것이 통계학의 생각이다.

복수의 표본을 이용해 가설검정을 하려면?

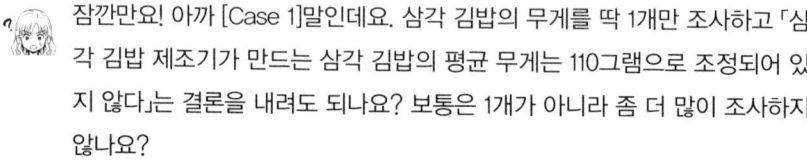

잠깐만요! 아까 [Case 1]말인데요. 삼각 김밥의 무게를 딱 1개만 조사하고 「삼각 김밥 제조기가 만드는 삼각 김밥의 평균 무게는 110그램으로 조정되어 있지 않다」는 결론을 내려도 되나요? 보통은 1개가 아니라 좀 더 많이 조사하지 않나요?

이야, 어쩐 일로 좋은 질문을 하지? 그 말이 맞아. 상식적으로 생각하면 사장이 더 많은 표본을 조사하겠지. 그리고 그렇게 하는 편이 정확하게 추정할 수 있다는 건 경험적으로 알 수 있어. 예를 들면 체온을 잴 때 한 번이 아니라 여러 번 재서 평균값을 내는 편이 더 실제에 가까운 수치를 얻을 수 있지.

복수의 표본을 사용할 경우에는 방법이 아주 어려워지나요?

약간 준비를 더 해야 해. 확률 법칙을 공부해야 하지. 하지만 일단 그 방법을 숙지하면 법칙을 외우는 건 그렇게 힘지지 않아. 노력할 가치는 있어.

[Case 1]에서 설명한 삼각 김밥 제조기의 문제 설정에는 사실 좀 부자연스러운 점이 있다. 이것은 기계의 설정 오류를 의심한 사장이 삼각 김밥의 무게를 1개만 검사했다는 점이다. 보통은 여러 개의 삼각 김밥의 무게를 재고 그 평균값을 계산할 것이다.

이렇게 여러 개의 표본을 관측하여 그 평균값을 계산한 것을 **「표본평균」**이라고 부른다.

뽑기 상자를 예로 들면「모평균」은「뽑기 상자에 들어 있는 모든 공에 적혀 있는 수의 평균값」,「표본평균」은 **「뽑기 상자에서 꺼내고 싶은 몇 개의 공에 적혀 있는 수의 평균값」**이다. [도표-32]

도표-32 | 모평균과 표본평균

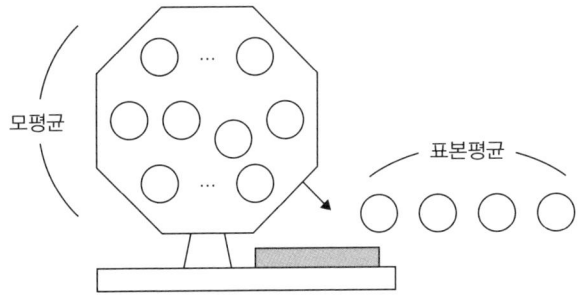

표본평균을 조사해야 하는 이유를 대략적으로 말하면 이렇게 정리할 수 있다.

* **여러 개의 표본을 무작위로 꺼내서 그 표본평균을 계산하면 그것은 1개의 표본을 보는 것보다 모평균에 가까운 수치가 된다**
* (좀 더 자세히 말하자면) **1개의 표본**을 관측할 때의 흩어진 정도(그것은 당연히 모표준편차와 같다)**보다 여러 개의 표본을 관측할 때의 흩어진 정도가 더 적다.**

이제 구체적으로 설명해보겠다.

187

■ 뽑기 상자 2개를 혼합한다

모집단에서 n개의 표본을 관측하고 그 표본평균을 계산했다고 하자.
관측한 것이 2개이고 표본이 a와 b라면,
[표본평균] = (a+b) ÷ 2
이다.
또 관측한 것이 표본이 3개이고 그것이 a와 b와 c라면
[표본평균] = (a+b+c) ÷ 3
이다.
여기서 알고 싶은 것은 **정규모집단에서 n개의 표본을 관측하여 표본평균을 계산했을 때, 그에 대해 어떤 예언을 할 수 있는가, 또 어떤 확률법칙을 갖고 있는가**, 라는 것이다.

표본평균의 확률법칙을 생각하기 전에 먼저 「**2개의 뽑기 상자를 혼합해서 만든 1개의 뽑기 상자**」를 상상해보자.

모집단 A와 모집단 B가 있을 때 모집단 A에서 표본 a를 관측하고 모집단 B에서 표본 b를 관측한다. 그리고 그 표본들을 더한다(a+b). 이 과정은 다음 작업과 같다.

「모집단 A의 뽑기 상자와 모집단 B의 뽑기 상자가 주어졌을 때 새로운 뽑기 상자 C를 준비한다. 그런 다음 뽑기 상자 A의 공과 뽑기 상자 B의 공을 전부 꺼내어 A에서 1개와 B에서 1개, 이런 식으로 모든 공을 일대일로 대응시킨다.

그 다음에 A에서 뽑은 공 a에 적혀 있는 수와 B에서 뽑은 공 b에 적혀 있는 수를 더한다(즉 a+b). 그리고 새 공에 그 수를 기입하고 뽑기 상자 C에 넣는다. 이 작업을 (무한번) 반복하여 모든 쌍의 공에 한 다음 작업을 마친다[도표-33].

3장 가설검정 ~데이터로 가설의 성립 여부를 판단한다~

도표-33 | 표본평균의 이미지

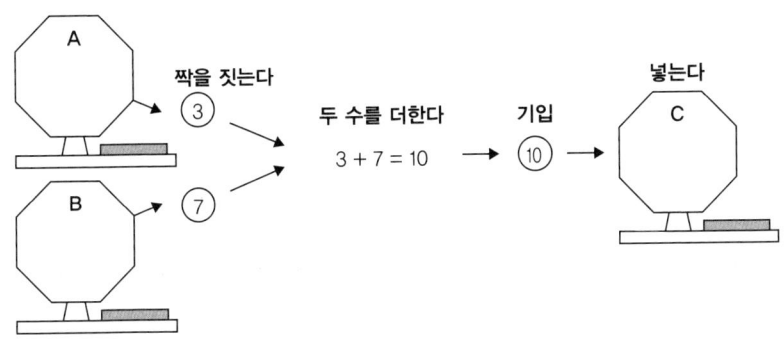

 정규분포만 봐서는 이 작업을 구체적으로 확인하기 힘들기 때문에 동전 던지기를 예로 들어 살펴보자.

도표-34 | 동전 던지기 표본평균의 이미지

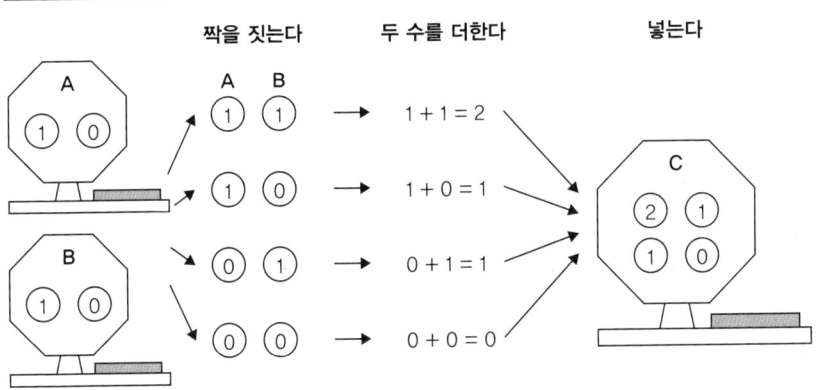

 동전 던지기의 경우 뽑기 상자에는 1인 공과 0인 공이 반반 들어 있다는 것을 기억하자(122쪽 참조).
 이러한 동전 던지기의 뽑기 상자를 2개(A와 B) 준비한다. A와 B에 들어있는 모든 공을 짝지으면 [도표-34]처럼 4가지로 균등하게 만들어진다. 즉 1과 1, 1과 0, 0과 1, 0과 0이다. 이것들을 더하면 각각 2, 1, 1, 0이 된다.
 이 표본평균을 공에 기입하고 뽑기 상자 C에 넣으면 뽑기 상자 C에는 2가 전체의 4

분의 1을 차지하고 1이 전체의 2분의 1을 차지하며 0이 전체의 4분의 1을 차지한다. 그러므로 동전 던지기의 모집단에서 2개의 표본을 관측하여 그 수들을 더한 값을 구하는 것은 뽑기 상자C에서 1개의 표본을 관측하는 것과 같다.

다시 말해 2가 관측될 확률과 0이 관측될 확률은 둘 다 0.25이고 1이 관측될 확률은 0.5가 된다는 말이다.

도표-35 | 확률분포도를 이용한 비교

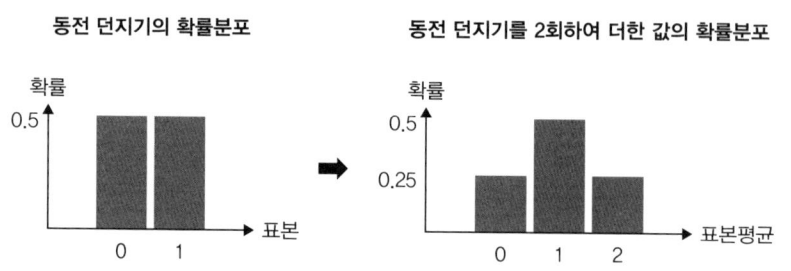

■ 정규모집단의 혼합법칙

뽑기 상자를 혼합하는 이미지를 이용해 정규모집단에서 뽑은 표본의 표본평균 확률 법칙을 설명하겠다.

> **정규모집단의 혼합법칙**
>
> 정규모집단 A에서 표본 a를 관측하고 정규모집단 B에서 표본 b를 관측하여 a+b의 합을 계산하면 다음 3가지가 성립된다.
> (i) 이 작업은 다른 정규모집단 C에서 꺼낸 1개의 표본 관측과 동일시할 수 있다
> (ii) (C의 모평균)은 **(A의 모평균) + (B의 모평균)**과 일치한다
> (iii) (C의 모분산)은 **(A의 모분산) + (B의 모분산)**과 일치한다

3장 가설검정 ~데이터로 가설의 성립 여부를 판단한다~

엄밀히 말하면 (ii) (iii)는 정규모집단뿐 아니라 어떤 모집단에서도 성립할 수 있는 법칙이고 (i)만이 정규모집단 고유의 법칙이다(이 책은 정규모집단밖에 다루지 않으므로 함께 묶어서 다루고 있다).

이 법칙은 이 책에서는 상세하게 증명하지 않으므로 깊이 알고 싶은 사람은 확률론에 관한 책을 보면 된다.

또한 (i)는 경이적인 법칙이라고 할 수 있다. 「2개의 뽑기 상자에 들어 있는 공을 전부 짝을 지어 그 수를 공에 기입하고 새로운 뽑기 상자에 넣는다」는 과정을 거쳤음에도 불구하고 새롭게 완성된 뽑기 상자도 정규모집단이 되는 것이다. 이것은 정규모집단이라는 것이 수학적으로 아주 잘 만들어진 집단임을 증명하는 것이다.

(ii)와 (iii)는 뽑기 상자를 혼합하면 평균값은 원래의 2개의 수치의 평균값의 합이 되고 분산도 원래의 2수치의 분산의 합이 된다는 것을 나타낸다.

평균에 대해서는 수긍할 수 있지만 분산에 대해서는 좀 이상하다고 생각되지 않는가? 분산에는 제곱 계산을 해야 하는데 단순히 더하면 된다는 것이 의외일수도 있다.

참고로 「분산」을 굳이 통계학의 지표로 삼고 있는 것은 이 뛰어난 법칙 때문이다.

■ 표본평균의 확률법칙

정규모집단의 혼합법칙을 이용하여 표본평균의 확률법칙을 도출해보자.

모평균 μ가 10, 모표준편차 σ가 6인 정규모집단(모분산은 $6^2=36$)에서 2개의 표본 x, y를 관측하여

[표본평균] = $(x+y) \div 2$

를 계산하기로 하자.

이 수치에 대해 무엇을 예언할 수 있을까?

먼저 이 모집단의 뽑기 상자를 2개 준비하고 그 상자를 각각 A와 B라고 부르자. 다음으로 이 A와 B를 혼합한 뽑기 상자를 C라고 한다.

이때 x+y의 수치는 뽑기 상자 A에서 x를 뽑기 상자 B에서 y를 꺼내어 그것을 합친 것으로 볼 수 있으므로 뽑기 상자 C에서 1개의 표본을 관측하는 것과 동일시할 수 있다.

여기서 앞에서 말한 정규모집단의 혼합법칙에 따라 뽑기 상자 C는 정규모집단이 되었으므로

C의 모평균 = [A의 모평균] + [B의 모평균] = 10 + 10 = 20
C의 모분산 = [A의 모분산] + [B의 모분산] = 36 + 36 = 72

가 된다는 것을 알 수 있다.

또한 [표본평균] = (x+y)÷2를 계산하는 것은 뽑기 상자 C의 공에 적힌 수를 전부 절반으로 만든 뽑기 상자 D에서 꺼낸 1개의 표본을 관측하는 것과 동일시할 수 있다. 따라서 145쪽에서 설명한 **「모집단의 정수배 법칙」**에 따라,

[모집단D의 모평균]=[모집단C의 모평균]÷2 = (10+10) ÷ 2 =10
[모집단D의 모분산]=[모집단C의 모분산]÷2^2= (36+36) ÷2^2
=(36×2)÷2^2=36÷2
[모집단D의 모표준편차] =$\sqrt{36÷2}$=$\sqrt{36}$÷$\sqrt{2}$ = 6 ÷$\sqrt{2}$

가 된다.

즉 모평균 10, 모표준편차 6인 정규모집단에서 2개의 표본 x, y를 관측하여 그 표본평균(x+y)÷2를 계산할 때, 그것은 **모평균 10, 모표준편차 $\frac{6}{\sqrt{2}}$의 정규모집단에서 1개의 표본을 관측하는 것과 같다**고 간주할 수 있다($\sqrt{2}$는 루트 2이며 약 1.4이지만 여기서는 크게 신경 쓰지 않아도 된다).

여기서 모평균은 원래의 모평균과 일치하며 **모표준편차는 원래 모표준편차를 $\sqrt{2}$로 나눈 것**임을 눈여겨보자.

위의 내용을 일반화해 두면 편리하므로 법칙으로 알아두자.

정규모집단의 표본평균의 확률법칙

* 모평균 μ, 모표준편차 σ의 정규모집단(모분산은 $σ^2$)에서 2개의 표본 x, y를 관측하여,

  [표본평균] = (x+y) ÷ 2

  를 계산하는 것은 **모평균 μ, 모표준편차 σ÷√2의 정규모집단에서 1개의 표본을 관측하는 것**과 동일시할 수 있다.

* 모평균 μ, 모표준편차 σ인 정규모집단(모분산은 $σ^2$)에서 n개의 표본을 관측하여 그 표본평균을 계산하는 것은 **모평균 μ, 모표준편차 σ÷√n의 정규모집단에서 1개의 표본을 관측하는 것**과 동일시할 수 있다.

도표-36 | 정규모집단의 표본평균의 확률법칙

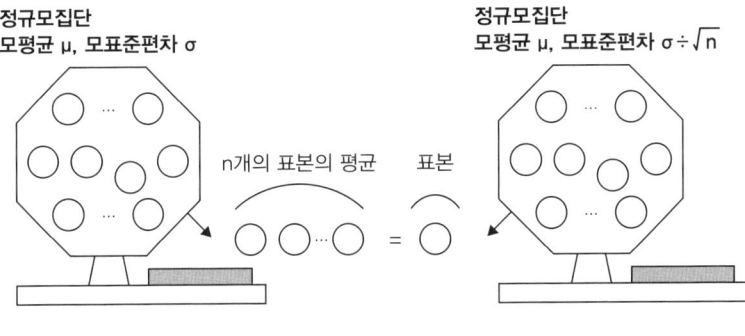

복수의 표본을 이용한 가설검정

이제 준비를 마쳤으므로 삼각 김밥 제조기의 가설검정에 대해 여러 개의 삼각 김밥의 표본으로 문제를 풀어보자. 이것이 Case 2다.

[Case 2] 삼각 김밥 제조기는 정상인가? ②

당신이 삼각 김밥을 만드는 회사 사장이라고 하자.

삼각 김밥은 기계로 만들며 평균 무게가 110그램으로 설정되어 있다. 그런데 최근 「삼각 김밥 제조기의 무게 조정이 잘못되어 110그램이 평균이 아닐지도 모른다」는 생각이 들었다. 그래서 삼각 김밥 중 16개를 아무거나 집어 들어 무게를 쟀다. 그 삼각 김밥의 무게는 112, 109, 111.2, …, 108.7그램이었고 그 표본평균은 111.5그램이었다.

당신은 경험적으로 조정 상태가 아무리 잘되어 있어도 삼각 김밥 제조기가 만드는 삼각 김밥의 무게의 표준편차가 2그램이라는 것을 알고 있었다.

자, 삼각 김밥 제조기를 정상적인 조정 상태라고 판단해야 할까?

3장 가설검정 ~데이터로 가설의 성립 여부를 판단한다~

문제를 풀기 전에 눈여겨볼 곳은 관측한 16개의 표본들의 표본평균이 111.5그램이라는 것, 즉 110그램에 아주 근접해 있다는 것이다.

통계학적 지식이 없으면 「우연히 흩어져 있는 범위 내」에 들어가 있다고 판단할 것 같은데 정말 그럴까?

먼저 해답을 구하는 과정을 다시 한 번 확인하자.

[1단계]

삼각 김밥 제조기가 만드는 삼각 김밥의 무게가 모평균 μ, 모표준편차 2의 정규모집단이며 모평균 μ가 110이라는 가설을 세운다.

[2단계]

이 가설이 올바르다면 16개의 삼각 김밥의 표본평균은 모평균 110, 모표준편차 2의 정규모집단에서 16개의 표본을 관측하여 계산할 때의 표본평균의 확률법칙을 따른다. 그러므로 표본평균의 범위를 95%라는 높은 확률로 적중하게끔 예언할 수 있다.

[3단계]

2단계의 예언의 범위에 관측된 표본평균인 111.5그램의 삼각 김밥이 들어가지 않을 경우, 이 가설은 기각한다. 들어가 있을 경우는 가설을 유지한다.

이 과정에 따라서 문제를 풀어보자.

[1단계]

모평균 μ=110이라고 가정한다.
모집단은 **모평균 μ = 110, 모표준편차 σ = 2인 정규모집단**이다.

[2단계]

모집단 모평균 μ = 110, 모표준편차 σ = 2인 정규모집단에서 16개의 표본을 관측하고 그 표본평균을 계산할 때, 수치는 정규모집단의 표본평균의 확률법칙을 따른다. 이 표본평균을 계산하는 것은 **모평균 110, 모표준편차 $2 \div \sqrt{16}$의 정규모집단에서 1개의 표본을 관측하는 것과 동일시**할 수 있다.

여기서

모표준편차 $= 2 \div \sqrt{16} = 2 \div 4 = 0.5$

이제부터 95%의 확률로 관측되는 표본평균 x의 범위를 구한다. 표준화한 것을 부등식으로 나타내면

$-1.96 \leq (x-110) \div 0.5 \leq +1.96$이다.

세 변에 0.5를 곱한다.

$-1.96 \times 0.5 \leq (x-110) \div 0.5 \times 0.5 \leq +1.96 \times 0.5$

그러면 가운데 부분은 0.5로 나누고 0.5를 곱했으므로 상쇄가 된다.

$-0.98 \leq x-110 \leq +0.98$

여기에 각각 110을 더하자.

$109.02 \leq x \leq 110.98$

[3단계]

Case 1에서 당신은 실제로 1개의 삼각 김밥의 무게를 관측했다. 이 표본은 115그램이다. 이것은 x의 범위와 비교하면 관측한 표본평균 111.5는 2단계 부등식의 범위에 들어가지 않으므로 **이 가설은 기각된다**. 즉 삼각 김밥 제조기가 만드는 김밥의 평균무게는 110그램에서 벗어나 있다는 결론을 내린다.

[2단계]의 마지막 부등식을 보면 알겠지만 μ=110이라는 가설 하에서 16개의 표본평균은 109.02와 110.98 사이라는 아주 좁은 범위(폭 1.96그램의 범위)에 95%의 확률로 들어간다고 예언할 수 있다.

이것은 **많은 표본을 구해서 표본평균을 계산하면 모평균 근처에 있는 수치에 근접한다**는 것을 의미한다.

차의 검정

 추리통계는 실제로 써먹을 수 있을 것 같고 그렇게 복잡하지도 않네요. 추리통계를 이용하면 「부유층은 상가에서 쇼핑을 하지 않는 게 아닐까」라는 가설을 검증할 수도 있나요?

 바로 그걸 판단할 수 있는 것이 「차의 가설검정」이라는 거야.

 「차의 가설검정」이 뭐죠?

 표본 세트가 2쌍 있다고 하자. 우리가 알고 싶은 것은 그 2가지 표본이 같은 정규모집단에서 관측되었는지 아닌지를 검증하는 거야. 그러려면 먼저 각 세트에서 표본평균을 계산해야 해. 대략적으로 말하자면 이 2개의 평균값이 가까운 수치라면, 즉 2개의 평균값의 차가 0에 가깝다면 「같은 모집단에서 관측되었다」고 판단할 수 있어. 반대로 0에서 멀다면 「같은 모집단에서 나온 표본이 아니다」라고 판단해야 해. 하지만 그 판단을 과학적으로 하려면 「차가 0에서 어느 정도 떨어질 때 다른 모집단이라고 판단하는가」를 먼저 확실하게 정해야 해. 그때 가설검정을 이용하지.

가설검정의 원리와 표본평균의 확률법칙이 나란히 모였으니 이제 만화에 나오는 「**차(差)의 검정**」을 설명할 수 있게 되었다. 만화에 나온 문제를 그대로 예로 들어보자.

> **[Case 3] 상가의 고소득자 비율은 높아졌는가?**
> 상가의 A가게에서 200명의 고객을 조사했더니 30명이 고소득자였다. 그리고 장사가 잘되는 다른 상가의 B가게에서 200명의 고객을 조사했더니 50명이 고소득자였다. A가게와 B가게의 고소득자 비율은 같다고 판단할 수 있을까?

가게를 찾아온 고객을 관측하여 고소득자인 경우를 1, 그렇지 않은 경우를 0이라고 하면 모집단은 1과 0으로 이루어진 뽑기 상자라고 간주할 수 있으므로 동전 던지기와 같은 유형의 모집단이 된다. 이 모집단에서 고소득자를 관측할 확률 p가 파라미터가 된다.

A가게에서는 200개의 표본 중 1이 30, 0이 170이므로 표본평균은
$(1 \times 30 + 0 \times 170) \div 200 = 30 \div 200 = 0.15$
이다.

B가게에서는 200개의 표본 중 1이 50, 0이 150이므로 표본평균은
$(1 \times 50 + 0 \times 130) \div 200 = 50 \div 200 = 0.25$
이다.

이때 다음 2가지 가능성이 있다.

[가능성 1]
A가게도 B가게도 같은 파라미터 값 p인 모집단에서 표본이 관측된다. 즉 A가게와 B가게의 고소득자가 방문할 확률은 같다.

[가능성 2]
A가게에서는 파라미터 p_1인 모집단에서 표본이 관측되고 B가게에서는 p_2인 모집단에서 표본이 관측되며 p_1과 p_2는 다른 수치다. 즉 A가게와 B가게의 고소득자가 방문하는 비율은 다르다.

3장 가설검정 ~데이터로 가설의 성립 여부를 판단한다~

이 중 어느 쪽이 진실인지 추정하는 것이 **「차의 검정」**이다. 기본원리는 다음과 같다.

A가게도 B가게도 둘 다 고소득자가 방문하는 비율이 동일한 p라고 가정하고, 그때 **A가게의 방문율은 0.15이고 B가게의 방문율은 0.25라는 차이는 우연히 발생하는 범위에 들어간다고 말할 수 있는지** 판단한다.

이것을 풀기 위해 먼저 다음 법칙을 갖고 오겠다(자세한 내용은 확률론에 관한 서적을 참조하기 바란다).

동전 던지기 표본평균의 근사법칙

모집단은 표본 1이 확률 p, 표본 0이 확률 1 − p로 관측되는 동전 던지기의 유형이라고 한다. 이때 충분히 많은 n번을 관측하여 얻은 표본들의 표본평균은,

모평균 μ=p、모분산 σ=p(1 − p)÷n

의 정규모집단에서 뽑은 1개의 표본을 관측하는 것과 동일시할 수 있다.

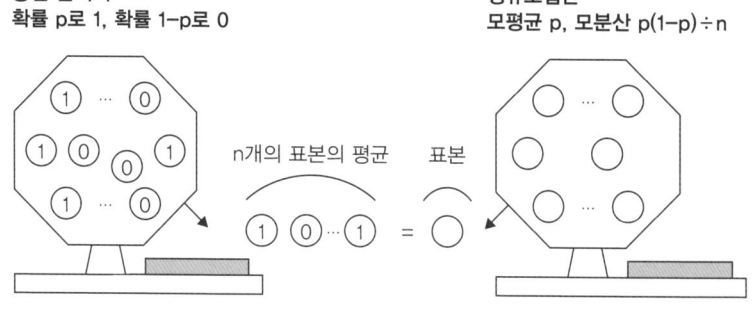

동전 던지기
확률 p로 1, 확률 1−p로 0

정규모집단
모평균 p, 모분산 p(1−p)÷n

n개의 표본의 평균   표본

199

이것을 전제로 해서 다음과 같은 과정으로 차의 검정을 실행한다.

[과정 1 : 먼저 가설을 세운다]

A가게와 B가게의 고소득자의 방문율이 같다는 것을 검증하고 싶으므로 **두 가게 모두 확률이 p이고 표본 1이 관측되는 모집단**이라고 가정한다.

200개의 표본 수는 충분히 큰 수이므로 위의 근사법칙에 따라 양쪽 모두

모평균 p, 모분산 p(1 − p)÷n인 정규모집단

이라고 가정할 수 있게 된다.

[과정 2 : 공통의 확률 p를 추정한다]

A가게와 B가게의 모집단은 확률 p인 동전 던지기라는 가설을 세웠으므로 표본을 합친다. 합친 표본 400개 중 30+50=80이 표본 1이다. 그러므로 공통 확률을 p=80÷400=0.2라고 추정하는 것이 타당하다. 표본을 늘리면 표본평균은 모평균에 가까워지므로 표본을 합쳐서 계산하는 편이 더 좋기 때문이다. 지금 공통이라고 가정한 정규모집단은,

모평균 = 0.2, 모분산 = p(1−p)÷n = 0.2×0.8÷200

이다.

[과정 3 : 표본평균 차의 확률법칙을 도출한다]

A가게의 모집단을 모집단 A, B가게의 모집단을 모집단 B라고 하자.

지금 양쪽 다 모평균 0.2, 모분산 0.2×0.8÷200인 정규분포라고 가정한 상태다.

이때 정규모집단 A에서 뽑은 표본 a와 정규모집단 B에서 뽑은 표본 b를 관측하여, 그 차(a − b)를 계산할 때의 확률법칙을 생각하면 차 (a − b)는, a + (−b)라고 바꿔 쓸 수 있다.

a는 모평균 0.2이고 모분산 0.2×0.8÷200인 정규모집단에서 뽑은 표본이다. 한편 (−b)는 같은 정규모집단에서 뽑은 표본에 마이너스를 붙인 것뿐이다.

표본에 마이너스 부호를 붙였으므로 (−b)의 모평균은 (−0.2)이다. 한편 정규분포는 좌우대칭을 이루기 때문에 흩어짐이나 퍼진 정도는 변화하지 않으므로 모분산은 0.2×0.8÷200이다. 그러면 **「정규분포의 혼합법칙」**에 따라 표본이 a+(−b)와 동일시할 수

있는 정규모집단 C는,

C의 모평균 $=0.2+(-0.2)=0$
C의 모분산 $=$ (A의 모분산)+(B의 모분산)
$\qquad = (0.2 \times 0.8 \div 200)+(0.2 \times 0.8 \div 200)$
$\qquad = (0.2 \times 0.8 \div 200) \times 2$
$\qquad = 0.2 \times 0.8 \div 100 = 0.0016$

이다.
그러므로
C의 모표준편차 $= \sqrt{0.0016} = 0.04$
이다.

이것을 정리하면 **표본평균의 차 (a − b)는 모평균 0, 모표준편차 0.04인 정규모집단에서 뽑은 1개의 표본과 동일시할 수 있다.**

[과정 4 : 표본평균의 차의 예언범위를 만든다]

표본평균의 차 (a−b)가 모평균 0, 모표준편차 0.04인 정규모집단에서 뽑은 1개의 표본과 동일시할 수 있다는 것을 알았으므로 95%의 확률로 (a−b)가 들어가는 범위를 만든다.

그것을 표준화하여 표준정규모집단의 수치로 바꿔 쓴다.

−1.96 ≦ (x − 0) ÷ 0.04 ≦ +1.96

그리고 세 변에 0.04를 곱하면
$\qquad -0.0784 \leq x \leq 0.0784$

따라서 가설이 올바르다면 A가게의 표본평균과 B가게의 표본평균의 차는 −0.0784와 +0.0784사이의 수치가 된다고 예언할 수 있다.

[과정 5 : 가설을 기각할지 유지할지 결정한다]

가설「A가게와 B가게의 고소득자의 확률 p는 같다」라면 A가게의 고소득자의 표본평균과 B가게의 고소득자의 표본평균의 차는 -0.00784와 +0.00784 사이의 수치여야 한다. 실제 표본에서의 차를 계산하자 0.15 - 0.25 = -0.1이며 이 수치는 범위에 들어가지 않는다. 그러므로 가설은 기각된다.

즉, 「**A가게와 B가게의 고소득자 방문율은 다르다**」는 것이 되므로 A가게와 B가게를 방문하는 고소득자 비율을 다르다는 결론을 내린다.

이것이 표본평균의 차를 이용한 가설검정이다.

지금까지 배운 모든 지식이 총동원되었다는 것을 알아차렸을까? 동전 던지기 모집단, 정규모집단, 정규분포의 혼합법칙, 표본평균의 확률법칙, 가설검정을 전부 이용하고 있다. 이것을 다시 한번 읽어서 내 것으로 만들면 가설검정의 핵심을 꿰고 있다고 할 수 있다.

프롤로그 통계학이란

1장 평균과 표준편차 ~데이터의 비밀을 파헤치다~

2장 정규분포 ~통계학의 보스를 공략한다~

3장 가설검정 ~데이터로 가설의 성립 여부를 판단한다~

4장

구간추정
~안전한 예측을 한다~

우와! 동방지수!!
여긴 어떻게 왔어?
여기 우리 집이거든
모두 어쩐 일이야? 모듬정식 먹으러 온 거야?
어서오렴
웬일이야
네가 없어져서 걱정했잖아!
미안 미안. 뭘 좀 조사하러 갔지
헤헤헤
조사?
뭘?
전국의 유명한 상가에 사람들이 몰려드는 이유를 통계학으로 답을 낼 수 없을지 조사하러 갔었어
통계학으로 그런 것도 알 수 있어?
리신호 씨의 조언을 받았지

며칠 후

통계학에서도 그와 동일한 생각을 해요	딱 한 개의 수치를 예상하는 건 위험한 일이니까 폭을 설정해서 예상하는 거죠
어떤 수치를 예상할 때	그때 95% 정도 신뢰성이 보장되는 폭을 선택해요

이 경우 구간추정을 하면 1개월간의 생산량은 $250 \leq \mu \leq 280$이 됩니다

1 개월
$$250 \leq \mu \leq 280$$

즉 95%의 확실함으로 월 필요량인 260을 공급할 수 있다는 말이죠

$$-1.96 \leq \frac{x - \mu}{\sigma} \leq +1.96 \rightarrow 250 \leq \mu \leq 280$$

감사받을만한 일 한 적 없어

쑥스러워 하시긴

하지만 요즘엔…

네?

이 거리가 사람들로 북적이는 광경을

보고 싶어졌어

!!

구간추정은 이른바 「박스 구매」

　제3장의 설명에서 나왔듯이 통계적 추정은 「관측된 표본에서 모집단의 파라미터를 추측하는」 방법론이다. 제3장의 해설에서는 가설검정이라는 방법을 설명했지만 여기서는 또 하나의 방법을 살펴보자.

　그것은 **「구간추정」**이라는 것이다.

　구간추정을 대략적으로 말하자면 **「어느 한 점을 집어서 추측하면 적중하지 않으므로 폭을 갖고 예측하는」** 것이다. 당연하다고 하면 당연한 방법이다.

　예를 들어 한 기계의 고장확률을 알고 싶다고 하자.

　172쪽에 나왔듯이 이것은 동전 던지기 유형의 모집단(1과 0을 표본으로 하는)에 관해 고장확률(표본 1이 관측될 확률)의 파라미터 p를 추정하는 것과 같다.

　예를 들어 25번 기계를 가동했는데, 그중 3번 고장이 났다고 하자.

　이때 고장확률 p는

고장횟수÷가동횟수= 3 ÷25=0.12

라고 추측하는 것이 자연스럽다.

그러나 p를 0.12라고 단정 짓는 것은「지나치다」고 누구나 느끼지 않을까? 관측횟수가 25번 정도이므로 2가지 의미에서 불완전성이 보이기 때문이다.

먼저 25번의 관측으로는 0.04간격의 추정값밖에 얻을 수 없다. 1이 1회 관측될 때마다 평균값은 $\frac{1}{25}$=0.04씩 늘어나기 때문이다. 가령 고장확률 p가 0.125였다면 25번을 관측하여 지금과 같은 계산으로 이 값을 얻을 수는 없다.

그리고 25번의 관측으로는 흩어진 정도가 크기 때문에 0.12라는 추정치에서 진짜 확률 p가 꽤 벗어나 있을 가능성도 있다. 제3장에서 해설했듯이 관측한 표본의 표본평균은 표본수가 많을 때는 모평균에 가까워지지만 표본수가 적을 때는 그렇지 않기 때문이다.

■ 폭을 설정하여 안전성을 보장한다

고장횟수÷가동횟수라는 표본평균을 추정값으로 하면 위와 같은 불완전성이 보이기 때문에 **표본수가 별로 많지 않을 때는 어떤 안전대책을 마련해야 한다.**

그런 안전대책 중 하나가「**폭을 가져서 추정하는**」것이다.

이것은 경마의「**박스 구매**」전략과 마찬가지다.

박스 구매란 경기에 나온 말들 중 일단 말 두 마리를 고른다. 그 두 마리가 1등, 2등으로 들어오는 조합의 마권을 전부 사는 것이다. 예를 들어 1, 3, 4, 7번 말 중 어떤 두 마리가 1, 2등이 될 것이라고는 예상하고 있지만 그중 어느 말들의 조합인지까지는 예측할 수 없을 때, 1 - 3, 1 - 4, 1 - 7, 3 - 4, 3 - 7, 4 - 7의 마권을 전부 산다(이것은 1, 3, 4, 7이라는 번호에 마킹하기만 하면 살 수 있다). 이렇게 하면 1 - 3만 샀을 때보다 당연히 적중확률이 커진다(물론 그만큼 많은 돈을 지불해야 하다).

그러면 앞서 고장확률을 추리할 때 이러한「박스 구매」적인 전략을 취하면 어떻게 될까?

그것은 p = 0.12라고 하나의 수치로 추정하지 않고 예를 들어 0.12를 포함한 구간 0.11≤p≤0.13이라는 식으로 「**부등식을 이용해 추정하는**」 것이다.

물론 이렇게 하면 참값이 적중될 확률이 커진다. 여기서 **중요한 것은 「적중률」을 제대로 통제하는 것**이다.

■ 어떤 p를 유지하는가

안전성을 보장할 수 있는 건 좋지만 「적중률을 통제」하는 게 정말 가능한가요?

모집단의 유형이 가령 「정규모집단이다」이라는 식으로 특정되어 있다면 가능하지. 정규모집단의 경우에는 표준화하면 관측되는 표본을 0.95의 확률로 예언할 수 있거든.

구간추정을 도표로 나타내면 [도표-37]과 같다.

기계를 25번 가동시켜 표본을 추출했을 때 예를 들어 도표처럼 관측되었다고 하자 (1이 고장, 0이 정상).

25번 중 고장(표본 1)이 3번일 때 단순히 고장확률을 추정한다면 도표의 가운데 부분인 모집단 p = 0.12가 된다. 그러나 p = 0.11이라는 모집단에서 같은 표본들이 관측되었을 가능성도 부정할 수 없다. 그러므로 박스 구매를 하듯이 **어느 범위의 p를 묶어서 유지하여 그것을 추정범위로 하는** 것이다.

그러면 「**어떤 p를 유지하고 어떤 p를 버린다**」고 판단해야 할까?

그 다음은 사고방식을 살펴보자.

예를 들어 p = 0.1인 모집단은 유지해야 할까?

이것을 판단하기 위해 모평균이 p = 0.1이었다면 25개의 표본의 표본평균이 어느 정도의 크기라고 관측되는 것이 「보통」인지 생각한다. 만약 실제로 관측된 「0.12」라는 표본평균이 「보통」, 「평범」한 값이었다면 p = 0.1의 모집단은 유지하는 편이 안전하다. 한편 실제로 관측된 「0.12」라는 값이 「특수」, 「이상한」이라고 하면 p = 0.1이라는 모집단은 없다고 판단해도 리스크가 별로 없을 것이다.

도표-37 | 구간추정의 이미지

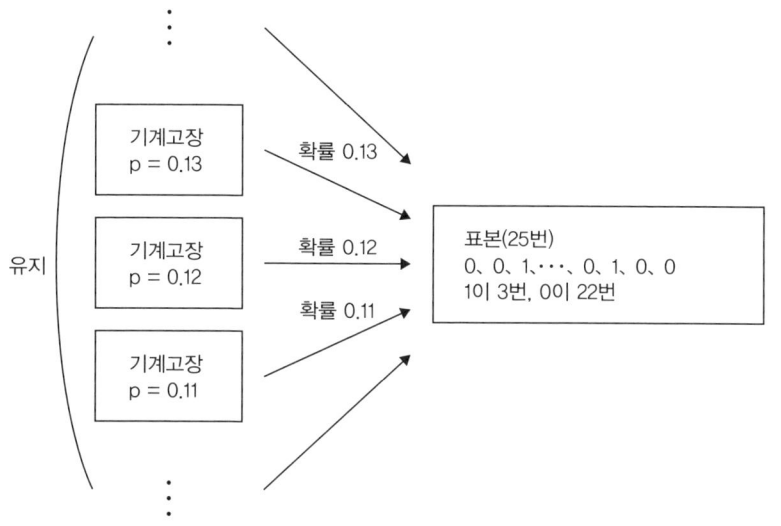

먼저 199쪽에서 설명한 다음 법칙을 떠올려보자.

동전 던지기 표본평균의 근사 법칙

모집단은 표본 1이 확률 p, 표본 0이 확률 1−p로 관측되는 동전 던지기의 유형이라고 한다. 이 때 충분히 많은 n번을 관측하여 얻은 표본들의 표본평균은,

모평균 μ = p, 모분산 σ = p(1−p)÷n

의 정규모집단에서 뽑은 1개의 표본을 관측하는 것과 동일시할 수 있다.

여기서는 25번 관측했으므로 n = 25가 된다. 이것은 모집단이 정규분포를 따른다고 판단하려면 이 정도로도 충분한 관측횟수라고 판단할 수 있다(사실은 30번보다 많은 횟수가 바람직하지만 수치 계산의 편의성으로 25번으로 설명하겠다. 227쪽에서는 「흩어진 정도가 크다」고 했지만 「정규분포라고 간주한다」는 것과 「흩어진 정도」는 별개

의 이야기다).

따라서 기계 고장 p = 0.1인 모집단에서 25번 관측하여 표본평균을 구하는 것은,

모평균 μ = 0.1, 모분산 σ = 0.1×0.9÷25 = 0.09÷25

인 정규모집단에서 1개의 표본을 관측하는 것과 동일시할 수 있다.

이 때 모표준편차는 모분산의 루트이므로,

모표준편차 = $\sqrt{0.09 \div 25}$ = $\sqrt{0.09} \div \sqrt{25}$ = 0.3 ÷ 5 = 0.06

이라고 구할 수 있다.

이 정규모집단에서 0.12의 표본이 관측된 셈이므로 이것은 표준화하여 표준정규모집단의 수치로 전환하면

[표준화] = (0.12−0.1)÷0.06 = 0.02÷0.06 = 약 0.33

이것은 −1.96 이상 +1.96 이하인 수치이므로 (−1.96≦0.33≦+1.96이라는 의미) 95%의 확률로 관측되는 수치 중 하나다.

그러므로 모평균 0.1, 모표준편차 0.06인 정규모집단에서 표본 0.12이 관측되는 것은 충분히 가능하다(95% 확률로 일어난다)고 생각할 수 있으므로 p = 0.1이라는 모집단은 안전을 위해 유지하는 것이 무난하다.

■ 95% 신뢰구간

앞의 논의를 통해 「안전을 위해 유지해야 하는 p」는 다음과 같이 정할 수 있다는 것을 알 수 있다.

안전을 위해 유지하는 p

모평균 = p, 모분산 = p(1−p)÷25인 정규모집단에서 표본 0.12가 관측되었다고 했을 때 이것을 표준화한 수치가 **−1.96이상 +1.96이하**라면 p는 「있을 수 있는 모집단의 수치」로 간주하고 유지한다.

이에 따라 유지해야할 p의 범위를 구해보자.

모표준편차는,

$$모표준편차 = \sqrt{p(1-p) \div 25} = \sqrt{p(1-p)} \div \sqrt{25} = \frac{\sqrt{p(1-p)}}{5}$$

0.12를 표준화하면,

$$(0.12-p) \div \frac{\sqrt{p(1-p)}}{5} = (0.12-p) \times \frac{5}{\sqrt{p(1-p)}} = \frac{5(0.12-p)}{\sqrt{p(1-p)}}$$

이것이 −1.96 이상 +1.96 이하의 범위에 들어갈 p는 유지할 것이므로

$$-1.96 \leq \frac{5(0.12-p)}{\sqrt{p(1-p)}} \leq +1.96$$

이라는 부등식이 충족되는 p를 유지하게 된다.

p를 움직이면서 가운데 항(표준화)을 엑셀로 계산해보면 p가 0.12 가까이에 있을 때 표준화는 당연히 0에 가까운 값이 된다.

p를 0.01간격으로 점점 작게 하면 p = 0.04에서 표준화는 약 2.04가 되어 1.96 이상이 된다. 또 p를 0.01간격으로 점점 크게 하면 p = 0.3에서 표준화는 약 (−1.964)가 되어 (−1.96) 이하가 된다.

그러므로 유지해야 하는 p는 대체로 「0.03 이상 0.3이하」라고 판단할 수 있다.

이 유지해야 하는 p의 범위를 **「95% 신뢰구간」**이라고 부른다. 또 「95% 신뢰구간」을 구하는 것을 **「구간추정」**이라고 한다.

구간추정을 계산해보자

앞에서 고장확률에 대해 구간추정을 하는 예는 루트를 씌우고 복잡한 부등식을 계산해야 해서 좀 어려웠을 것이다. 이번에는 더 알기 쉽게 다른 구간추정 예를 들어보자. 제3장에서 설명했던 삼각 김밥 제조기를 다시 한 번 예로 들어보겠다.

> **[Case 4] 삼각 김밥 제조기의 구간추정**
>
> 삼각 김밥 제조기로 만든 김밥 중 16개를 아무거나 집어 들어 무게를 쟀다. 그 삼각 김밥의 무게는 112, 109, 111.2, … 108.7그램이었고 그 표본평균은 111.5그램이었다. 삼각 김밥 제조기가 만드는 김밥 무게의 표준편차는 2그램이라는 것을 알고 있다고 하자.
>
> 삼각 김밥 제조기가 만드는 김밥의 평균값을 구간추정하여 95% 신뢰구간을 구하자.

이 문제는 제조할 수 있는 「비밀의 누룩」의 양을 구간추정한 만화 에피소드에 그대로 대응시킬 수 있다.

삼각 김밥의 모집단의 모평균	제조할 수 있는 비밀의 누룩 양의 모평균
무게를 잰 삼각 김밥의 무게의 표본평균	실험적으로 제조하여 관측된 비밀의 누룩의 제조량
삼각 김밥 무게의 모평균의 95% 신뢰구간	제조할 수 있는 비밀의 누룩 양의 95% 신뢰구간

그러면 구간추정을 하는 과정을 살펴보자.

[과정 1]
　추정하고 싶은 파라미터를 모평균 μ라는 형태의 변수를 설정한다. 모표준편차는 2라고 알고 있으므로 **모평균 μ, 모표준편차 2(모분산 = 2^2 = 4)인 정규모집단**이 된다.

[과정 2]
　16개의 표본을 관측하여 표본평균을 계산하는 것은 모평균 μ, 모분산 $4 \div 16$인 정규모집단에서 1개의 표본을 관측하는 것과 동일시 할 수 있다.
　이 정규모집단의 모표준편차는 $\sqrt{4 \div 16} = \sqrt{4} \div \sqrt{16} = 2 \div 4 = 0.5$이다.

[과정 3]
　모평균 μ, 모표준편차 0.5인 정규모집단에서 **표본 111.5**가 관측되었다고 하고 그것을 표준화한다.

[과정 4]
　[과정 3]의 표준화가 「**−1.96 이상 +1.96 이하**」가 되는 μ의 범위를 구한다.

이 4단계를 살펴보면 제3장에 나온 「확률의 역문제를 순문제로 전환하는」 작업이 이루어졌음을 알 것이다.

모평균 μ을 변수로 하여 문자로 표시하자 모집단의 형태가 명확해졌다.

그리고 관측된 표본 111.5를 표준화하고 있는데 표준화라는 작업은 말할 것도 없이 확률을 순방향에서 계산하는 일이다. 이렇게 구간추정을 할 때도 **「확률의 역문제」가 「확률의 순문제」로 전환**된다.

그러면 [과정 1]과 [과정 2]는 이해할 수 있으므로 [과정 3]과 [과정 4]를 구체적으로 계산해보자.

[과정 3]

모평균 μ, 모표준편차 0.5인 정규모집단에서 관측된 표본 111.5를 표준화하면

(표준화) = (111.5 − μ)÷0.5

가 된다.

[과정 4]

표준화가 「−1.96 이상 +1.96 이하」가 되는 μ는 부등식

−1.96 ≤ (111.5−μ)÷0.5 ≤ +1.96

을 만족하는 μ이다.

이 부등식을 다음과 같이 푼다. 먼저 세 변에 0.5를 곱한다.

$-1.96 \times 0.5 \leq (111.5-\mu) \div 0.5 \times 0.5 \leq +1.96 \times 0.5$

가운데 변은 0.5로 나누고 0.5를 곱하게 되므로 이 둘은 상쇄된다.

$-0.98 \leq 111.5 - \mu \leq +0.98$

세 변에서 111.5를 뺀다.

$-0.98 - 111.5 \leq 111.5 - \mu - 111.5 \leq +0.98 - 111.5$

가운데 변은 111.5가 없어지므로

$-112.48 \leq -\mu \leq -110.52$

세 변에 (−1)를 곱한다. 마이너스인 수를 곱하면 부등호 방향이 바뀐다는 점을 떠올리자.

112.48≧μ≧110.52

그러므로 μ의 95% 신뢰구간은 110.52≦μ≦112.48임을 알 수 있다.

■ 구간추정으로 무엇을 알 수 있는가

 95% 신뢰성이라는 게 뭐죠? 빗나갈 확률이 5%밖에 없다는 뜻인가요?

 「95% 신뢰성」이라고 하지 「95% 확률」이라고 하지 않는다는 것이 중요해.

 신뢰성과 확률은 다른가요?

 95% 확률이라고 할 때는 그 사건 자체에 대해 말하는 거야. 하지만 95% 신뢰성이라고 할 때는 그 사건이 아니라 그 사건을 판단하는 방법론에 대해 말하는 거지.

 방법론이 뭐예요?

 예를 들어보지. 지금 카드가 100장 있고 그 카드들은 각각 1에서 100까지 중 1개의 숫자가 적혀있다고 하자. 그중 1장이 당첨 카드라고 하자. 지수가 이 100장에서 95장을 골랐어. 그중 당첨 카드가 나올 확률은?

 그 정도는 저도 알아요. 당첨 확률은 95%죠.

 맞아. 그러면 다른 게임을 하지. 이번에는 100장의 카드는 카드 상자에 들어 있고 그 상자가 100개 있다고 하자. 100개 중 95개의 카드 상자에는 각각 51장의 당첨 카드가 들어 있어. 그리고 나머지 5개의 카드 상자에는 당첨 카드가 1장도 없어. 즉 100장 전부가 꽝이라는 소리지. 자, 100개의 카드 상자 중 한 개를 고르고 그 상자를 열어서 카드를 50장 골라야 해. 그때 지수가 당첨 카드를 고를 확률은?

음. 어렵네요. 당첨 카드가 아예 없는 상자를 고르면 아무리 50장의 카드를 골라도 다 꽝이겠죠. 하지만 당첨 카드가 들어 있는 카드 상자를 고르면 당첨이 51장, 꽝이 49장이니까 50장의 카드를 고르면 반드시 그중에 당첨 카드가 들어가 있겠네요.

 꽤 잘 이해하고 있군.

 알겠다! 상자에 들어 있는 카드 중 당첨 카드가 있을 경우, 50장을 고르면 그중 반드시 당첨 카드가 있어요. 그러니까 문제는 당첨 카드가 있는 카드 상자를 고를 수 있느냐 네요. 100개의 카드 상자 중 95개가 당첨 카드가 있는 상자니까 그걸 선택할 확률은 95%에요!

 정답! 처음에 한 게임의 예는 말 그대로 지수가 고른 카드 중 당첨 카드가 들어 있을 확률이야. 두 번째 게임의 예는 지수가 100개의 카드 상자에서 하나를 선택하고 거기서 50장의 카드를 고른다는 방법론을 적용할 때 당첨 카드를 고를 확률이지. 즉 지수가 이 방법론으로 게임에 참가할 경우에 당첨 카드를 고를 수 있는 확률이지. 지수가 고른 50장에 당첨 카드가 있는 확률이 아니야.

 그렇군요. 내 눈앞에서 있는 50장의 카드에는 「반드시 당첨 카드가 있다」 또는 「절대로 당첨 카드가 없다」 중 하나죠. 방금 이야기한 「당첨 확률」은 게임에 여러 번 참가해서 같은 방법을 쓸 경우, 어느 정도로 당첨될 수 있는가, 라는 말이죠?

 바로 그거야.

여기서 계산한 결과는 이런 의미이다.

삼각 김밥 16개의 표본평균이 111.5그램이라는 것에서 삼각 김밥 제조기가 만드는 김밥의 무게의 모평균은 111.5그램의 주변이라고 추측한다. 그러나 콕 집어서 111.5그램이라고 판단하는 것은 위험하다. 모평균 111.7그램의 정규모집단에서 111.5그램의 표본평균이 관측될 가능성도 있기 때문이다.

그러면 어느 정도까지 μ를 유지하면 안전성을 충분히 높일 수 있을까? 통계학에서는 110.52그램에서 112.48그램까지 유지하면 충분한 신뢰성을 얻을 수 있다.

여기서 **「95% 신뢰구간」이라고 하지 「95% 확률구간」이라고 하지 않는 것이 중요**하다.

이 결론은 「μ가 구간 110.52≤μ≤112.48에 있을 확률이 0.95」라는 의미가 아니기 때문이다.

왜 그렇지 않은가 하면 「μ가 구간 110.52≤μ≤112.48에 있을 확률이 0.95」일 경우에는 μ가 (주사위 숫자처럼) 확률적으로 변동하는 불확실성을 가진 양이어야 한다. 그것은 (주사위처럼) 동일한 확률인 구조에서 발생하는 일이야.

그러나 μ는 우리가 주목하고 있는 정규모집단의 모평균이며 확률적으로 변동하는 양이 아니다. 다른 말로 하자면 μ가 움직이면 모집단이 움직이게 되어 확률적 구조가 변화한다. 따라서 μ는 확률적인 변수가 아니다.

그러므로 구간추정에는 「95% 신뢰구간」처럼 「신뢰」라는 표현을 쓴다.

여기서 말하는 「신뢰」는 어떤 의미일까? 그에 대해서는 241쪽에서 설명하겠다.

구간추정과 가설검정은 동전 앞뒷면의 관계

「95% 신뢰구간」의「신뢰」의 의미를 이해하려면 먼저 다음 내용을 이해해야 한다. 즉 **실은 구간추정과 가설검정은 동전 앞뒷면의 관계**라는 점이다.

다시 한 번 구간추정 과정을 살펴보자.

> [과정 1]
> 추정하고 싶은 파라미터를 모평균 μ라는 형태의 변수를 설정한다. 모표준편차는 2라고 알고 있으므로 **모평균 μ, 모표준편차 2 (모분산 = 2^2 = 4)인 정규모집단**이 된다.

이것은 가설검정에서 한 모평균을 가설로 삼아 고른 것과 짝을 이룬다. 가설검정을 할 때는 구체적인 수치로 나타냈지만 여기서는 μ라는 글자로 가설을 세웠다고 이해하자.

[과정 2]
 16개의 표본을 관측하여 표본평균을 계산하는 것은 모평균 μ, 모분산 4÷16인 정규모집단에서 1개의 표본을 관측하는 것과 동일시할 수 있다.
이 정규모집단의 **모표준편차는** $\sqrt{4 \div 16} = \sqrt{4} \div \sqrt{16} = 2 \div 4 = 0.5$이다.

이 과정은 가설이 올바른 상태에서 정규모집단에서 16개의 표본을 관측하여 표준편차를 구하는 것을 별도의 정규모집단에서 1개의 표본을 관측하는 것과 동일시하고 있다. 이것도 가설검정 단계와 동일하다.

또한,

[과정 3]
 모평균 μ, 모표준편차 0.5인 정규모집단에서 **표본 111.5**가 관측되었다고 하고 그것을 표준화한다.

[과정 4]
 [과정 3]의 표준화가 「**-1.96 이상 +1.96 이하**」가 되는 μ의 범위를 구한다.

과정 3과 4는 가설이 올바른 상태에서 95%의 확률로 일어나는 범위를 특정 하는 것과 대응한다. 여기서 나온 부등식,

$-1.96 \leq (111.5 - \mu) \div 0.5 \leq +1.96$ ···①

은 가설의 모평균이 μ일 때 가설을 기각하지 않는 경우의 식과 같은 의미이다.

실제로 196쪽에서는 μ = 110그램을 가설로 했을 경우에 부등식

$-1.96 \leq (x - 110) \div 0.5 \leq +1.96$ ···②

을 풀고

$109.02 \leq x \leq 110.98$

로 구해서 관측된 111.5그램이 x의 범위에 들어있지 않은 것에서 μ = 110그램을 기각한 것을 떠올리자.

실은 ②를 풀지 않아도 다른 방법으로 판정할 수도 있다. 그것은 ②의 x에 111.5를 직접 대입하여,

$-1.96 \leq (111.5-110) \div 0.5 \leq +1.96$

이 성립하는지 여부를 봐도 알 수 있다.

가운데 변을 계산하면 3이 되므로 이 부등식은 성립하지 않는다(3은 1.96보다 크다). 따라서 부등식 ②의 x의 범위에 111.5는 해당하지 않는다(부등식의 답이 아니다).

이 점을 생각하면 모평균이 구체적인 수치 110이 아니라 일반적인 문자 μ일 경우의 가설검정은 ②의 110을 μ로 치환한,

$-1.96 \leq (x-\mu) \div 0.5 \leq +1.96$

의 x에 111.5가 해당되는지 생각하는 것과 같음을 알 수 있다. 그러므로 x에 111.5를 대입한 부등식,

$-1.96 \leq (111.5-\mu) \div 0.5 \leq +1.96$ ⋯③

을 만족하는 μ가 기각되지 않는 μ이다.

구간추정의 부등식 ①과 그 가설검정의 부등식 ③을 비교하면 완전히 동일한 부등식임을 알 수 있으리라.

이 내용은 이렇게 요약할 수 있다.

「**구간추정으로 유지하는 모평균 μ를 구하는 것**」은 「**가설검정으로 기각되지 않는 가설 μ를 전부 구하는 것**」과 같다. 즉 **구간추정으로 구해지는 95% 신뢰구간이란 가설검정으로 기각되지 않는 모평균을 모아서 구간으로 나타낸 것과 같다.** 이렇게 구간추정과 가설검정은 동전의 앞뒷면 관계이다.

「95퍼센트(%)」가 의미하는 것

 그런데 왜 95%죠? 99%가 더 안전하지 않나요?

 가설검정과 구간추정에는 두 가지 위험이 있다는 걸 이해해야 해.

 두 가지 위험이요? 그게 뭐죠?

 하나는 올바른 가설을 버리게 될 위험. 또 하나는 잘못된 가설을 유지할 위험이야.

 올바른 가설을 버린다는 건 어떤 경우가 있을까요?

 기각할(유지하지 않을) 확률을 크게 설정할 경우지. 95%가 99%보다 기각하는 경우가 많아지지.

 그렇군요. 또 하나의 위험은 그 99%가 95%보다 유지하는 경우가 많아진다는 거겠죠?

맞아. 둘 다 엄밀하게 하기란 불가능하니까 어느 하나는 포기해야 하지.

자, 237쪽에서 구간추정의 「95% 신뢰구간」이 「확률 95%로 그 구간에 추정치가 들어간다」는 의미가 아니라고 설명했다.

그 이유를 말하자면 **추정치는 모집단의 파라미터이므로 하나의 확률적 구조 하에서 불확실한 값을 갖는 것이 아니기** 때문이다. 다른 표현을 하자면 「확률의 순문제」가 아니라 「확률의 역문제」이기 때문이다.

그렇다면 95%의 「95」는 어떤 수치일까?

앞에서 구간추정이 가설검정을 다른 측면에서 본 것임을 알았으니 이제 이 물음에 정확하게 답할 수 있을 것이다. **가설검정의 0.95는 「같은 방법으로 검정하면 5%의 확률로 틀린다」는 의미**라고 설명한 것을 떠올리자.

구간추정에서도 이 점은 똑같다. **「같은 구간추정을 반복하면 특정하고 싶은 파라미터가 신뢰구간에 들어가지 않는 일이 0.05의 확률로 일어난다」**는 것이다.

삼각 김밥 제조기의 예를 들어 좀 더 구체적으로 설명하겠다.

16개의 표본평균에서 모평균 μ의 구간추정을 반복한다고 하자. 표본평균이 111.5그램일 때는 신뢰구간은 110.52≤μ≤112.48이었다.

또 한 번 다른 16개의 표본을 관측하여 그 표본평균에서 신뢰구간을 구하자 이번에는 **≤μ≤**라는 형태의 다른 신뢰구간을 얻었다고 하자.

이런 작업을 반복할 때 100회 중 대략 5회는 추측한 신뢰구간 「**≤μ≤**」에 진짜 μ가 들어가지 않는 일이 일어난다는 뜻이다.

여기서 중요한 것은 계산을 통해 구해진 신뢰구간 「**≤μ≤**」에서 확률적으로 변동하는 것은 양쪽의 「**」이며 μ자체는 (확률적으로) 움직이지 않는다는 점이다.

다시 말해 「95%」라는 것은 한 번의 구간추정으로 구해진 신뢰구간 110.52≤μ≤112.48에 대해 언급하는 것이 아니라, 구간추정을 반복할 때 변동하는 구간 「**≤μ≤**」들에 대해 언급하는 것이다.

다른 말로 표현하자면 **확률 95%는 한 번의 추정이 아니라 여러 번 반복하는 작업 전체에 대해 언급한 것이다.**

그래서 작업 전체를 평가하는 「신뢰」라는 용어를 사용하는 것이다.

참고로 파라미터 μ를 아주 자연스럽게 확률적 수치라고 간주하는 방법론도 있다.

이것은 「베이즈 통계학」이라고 불리는데 지금까지 설명해온 통계학과 다른 종류의 새로운 통계학이다. 베이즈 통계에서는 $110.52 \leq \mu \leq 112.48$이라는 구간이 추정되었을 경우, 말 그대로 「μ가 구간 $110.52 \leq \mu \leq 112.48$에 있을 확률이 0.95」라는 의미로 해석할 수 있다.

베이즈 통계에 관해서는 참고문헌에 나오는 졸저 『세상에서 가장 쉬운 베이즈통계학 입문 (지상사刊)』을 읽어보기 바란다.

통계적 추정의 핵심을 알다

이것으로 구간추정에 대해 설명을 마친다.

이쯤 되면 통계학적 사고의 핵심을 완전히 이해할 수 있을 것이다. 그리고 여기까지 읽었으면 더욱 다양한 추정 방식을 알기 위해 좀 더 쉽게 도전할 수 있을 것이다.

이 책에서 추정할 때는 항상 모표준편차 σ가 미리 주어졌다. 사실 이것은 매우 인위적인 설정이다. 실제로 통계적 추정을 할 때는 당연히 모표준편차도 미지수다. 이럴 경우, 카이제곱검정이나 t검정이라는 다른 가설검정을 해야 한다. 이 책은 지면상 그 부분은 다루지 못했다.

그러나 발상법 자체는 동일하므로 통계적 추정에 대해 충분히 이해하고 있는 지금 상태로는 다른 기법도 그리 어렵지 않게 습득할 수 있을 것이다. 이에 관해서는 졸저

『세상에서 가장 쉬운 통계학입문 (지상사刊)』으로 도전할 것을 권한다.
이 책과 동일한 방식으로 설명하고 있으므로 쉽게 이해할 수 있기 때문이다.

그러면 이 책을 디딤돌로 삼아 넓디넓은 통계적 추정의 세상으로 떠나보자.

이 많은 외국인 좀 봐
리신호 씨가 세계적으로 권위 있는 학회에서 높은 평가를 받은 덕분에
브라보!
우
아
아
아
짝
짝
짝
짝
짝
짝
짝
짝
우리 상가가 더 주목을 받게 되었지
좀 아쉽네
응?
지금 리신호 교수님은 유명한 연구자가 되었으니 정신없이 전 세계를 누비고 계시겠지
이 광경을 보여주고 싶었는데
……

후기
통계학을 좀 더 깊이 알고 싶은 분에게

이 책을 끝까지 읽고 어떤 생각이 들었는지? 이제 통계학과 좀 친해졌을까?

만약 그렇다면 그것은 내가 설명한 내용보다는 나기사와 나오 씨의 만화 실력과 가츠라기 가에데 씨의 시나리오 구성력 덕택이리라. 이 자리를 빌려 두 분에게 감사드린다.

만화를 만드는 작업은 힘들지만 무척 즐거운 일이었다. 모두 함께 머리를 맞대고 이야기를 만들고 등장인물의 성격을 생각했다. 일반 만화와는 달리 「통계학을 배운다」는 목적을 갖고 있으므로 마냥 톡톡 튀는 내용으로 구성하기에는 아무래도 한계가 있었다. 그래서 최대한 자연스럽고 재미있는 이야기를 만들기 위해 노력했는데 보통 힘든 일이 아니었다.

그러나 다양한 아이디어를 내려고 브레인스토밍을 거듭하는 과정을 함께 하면서 만화를 만드는 일의 어려움과 재미를 더불어 만끽할 수 있었다.

가장 기뻤던 것은 주인공인 지수의 이미지를 정할 때 내가 좋아하는 아이돌을 참고해 주었다는 점이다. 그 아이돌이 누구인지는 상상에 맡기겠지만 그녀가 대활약하는 모습을 만화로 볼 수 있으니 작가로서 최고의 행운을 누린 셈이다.

이 책의 특징은 「만화로 배우는 것」이기도 하지만 새로운 방식으로 설명했다는 것도 있다.

필자는 지금까지 『세상에서 가장 쉬운 통계학입문』과 『세상에서 가장 쉬운 베이즈통계학 입문』이라는 두 권의 통계학 서적을 출간했다. 특히 전자는 10만부를 넘는 베스트셀러가 되었다. 그러나 이 책에서는 그 두 권에 담지 못했던 몇 가지 방식을 도입했다.

예를 들면 무한모집단을 「뽑기 상자」라는 이미지를 이용한 것이다. 이런 방식은 대학에서 통계학을 강의할 때 학생들의 이해를 돕기 위해 생각해 낸 것이다. 독자 여러분이 뽑기 상자 이미지를 이용해 통계학을 자기 것으로 만들기를 바란다.

이 책은 스토리 만화라는 성격상 일반적인 통계학 서적보다 설명할 수 있는 통계학 내용이 적을 수밖에 없다. 그래서 초보 중의 초보, 기본 중의 기본으로 한정했다. 그러므로 본문에서도 썼지만 독자 여러분은 이 책을 읽고 몇 가지 더 알고 싶은 점이 생길 수도 있다.

그중 하나가 「모표준편차도 미지수일 때의 추정 방법」이다. 이 책의 통계적 검정을 할 때 모표준편차는 항상 미리 주어져 있었다. 이것은 지면상 그렇게 한 것이며, 물론 모표준편차를 모르는 상태가 자연스럽다. 이런 상황에서 추정할 때는 카이제곱이나 t검정이라는, 정규분포와는 또 다른 확률분포가 필요하다. 이에 대해 알고 싶은 분은 졸저『세상에서 가장 쉬운 통계학입문』을 읽어보길 권한다. 이 책의 설명과 이어져 있는 부분이 많으므로 술술 이해할 수 있을 것이다.

또 하나는 본문에도 나오는 「95% 신뢰구간의 95라는 숫자는 진짜 모평균이 구간에 들어갈 확률을 말하지 않는다」라는 점이다. 이 점이 구간추정의 핵심이지만 우리가 원하는 추정과는 약간 동떨어진 느낌을 받을 수도 있다.

그런데 추정이 말 그대로 「진짜 모평균이 구간에 들어갈 확률」이 되는 별도의 통계이론이 있다. 그것이 최신 통계학인 「베이즈 통계학」이다. 베이즈 통계학은 마이크로소프트사와 구글사 등이 비즈니스에 실제로 활용하여 각광을 받게 된 최신 통계학 방식이다.

이에 관해서는 졸저『세상에서 가장 쉬운 베이즈통계학 입문』에서 쉽게 풀어서 설명했다. 이 책을 읽은 뒤에 읽으면 일반적인 통계학과 베이즈 통계학이 어떻게 다른지 아주 잘 이해할 수 있으리라.

마지막으로 이 책을 기획하고 편집해 주신 가시와노 사토미 씨에게 감사의 말씀을 드린다.

2017년 4월 고지마 히로유키

[참고문헌 · 추천서적]

(초심자 대상)
[1] 小島 寬之, 『完全獨習 統計學入門』
  〈번역; 고지마 히로유키, 『세상에서 가장 쉬운 통계학 입문 (지상사)』〉
[2] 小島 寬之, 『完全獨習 ベイズ統計學入門』
  〈번역, 고지마 히로유키, 『세상에서 가장 쉬운 베이즈통계학 입문 (지상사)』〉

(중급자 대상)
[3] 石村 貞夫, 『入門はじめての統計解析』

(상급자 대상)
[4] 久保川 達也, 國友 直人, 『統計學』

(칼럼에서 소개한 책)
[5] 鈴木 義一郎, 『情報量規準による統計解析入門』
  〈번역; 스즈키 기이치로, 『앞을 내다보는 통계학 (전파과학사)』〉

[著者프로필]
고지마 히로유키(小島 寬之)

1958년 동경에서 출생했다. 동경대학교 이학부 수학과를 졸업하고 동대학원 경제학 연구과에서 박사과정을 수료했다. 현재 데이쿄(帝京)대학교 경제학부 교수로 재직 중이다. 경제학 박사이며 전공은 수리경제학이다.

주요 저서로 『세상에서 가장 쉬운 통계학 입문』, 『세상에서 가장 쉬운 베이즈통계학 입문』, 『확률적 발상법』, 『제로에서부터 배우는 미분적분』, 『비즈니스맨이 꼭 알아야 할 법칙』, 『수학으로 생각한다』 등 다수가 있다.

[作畵者프로필]
나기사와 나오(薙澤 なお)

2007년, 아카마루점프로 데뷔한 이래 주로 작화 분야에서 활동 중이다. 현재 무료 만화앱인 「GANMA!」에서 《창조의 사과》를 연재하고 있다. 간행 작품으로 『만화로 읽는 헤이케이야기』, 『만화와 소리로 즐기는 후쿠오카말』, 『만화로 배우는 머리가 좋아지는 습관』 등이 있다.

[譯者프로필]
오시연

동국대학교 회계학과를 졸업했으며, 일본 외어전문학교 일한통역과를 수료했다. 출판기획 및 일본어 전문 번역가로 활동하고 있다.

주요 역서로는 『핵심정리 비즈니스 프레임워크 69』, 『회계의 신』, 『simple 회계 공부법』, 『만만한 회계학』, 『쉽게 이해하는 IFRS』, 『세상에서 제일 쉬운 회계수업』, 『퇴근시간이 빨라지는 비즈니스 통계 입문』, 『드러커 사고법』, 『처음 만나는 회계 1교시』, 『엄마가 믿는 만큼 크는 아이』 등이 있다.

시나리오 제작 / 가쓰라기 가에데
작화—일러스트 / 나기사와 나오

만화로 아주 쉽게 배우는 통계학

2021년 4월 22일 1판3쇄 발행
2018년 2월 22일 1판1쇄 발행

지은이　고지마 히로유키
옮긴이　오시연
발행인　최봉규
발행처　지상사(청홍)
출판등록　2002년 8월 23일 제2017-000075호

주소　서울 용산구 효창원로64길 6(효창동) 일진빌딩 2층
우편번호　04317
전화번호　02)3453-6111　**팩시밀리** 02)3452-1440
홈페이지　www.jisangsa.co.kr
이메일　jhj-9020@hanmail.net

한국어판 출판권 ⓒ 지상사(청홍), 2018
ISBN　978-89-6502-281-7　(03410)

이 도서의 국립중앙도서관 출판시도서목록(CIP)은 e-CIP홈페이지(http://www.nl.go.kr/ecip)와 국가자료공동목록시스템(http://www.nl.go.kr/kolisnet)에서 이용하실 수 있습니다.
(CIP제어번호: CIP2018001452)

보도나 서평, 연구논문에서 일부 인용, 요약하는 경우를 제외하고는
도서출판 지상사(청홍)의 사전 승낙 없이 무단 전재 및 복제를 금합니다.

* 잘못 만들어진 책은 구입처에서 교환해 드리며, 책값은 뒤표지에 있습니다.

세상에서 가장 쉬운
통계학입문

고지마 히로유키 지음
박주영 옮김
신국판 240쪽 값12,800원

중학교 기초수학으로 3주 만에 끝내는 통계학. 금융상품 리스크와 수익률 분석, 주식과 환율의 변동률 분석 등 쏟아지는 데이터에서 의미 있는 정보를 뽑아내기 위한 것이 통계를 공부하는 이유다.

세상에서 가장 쉬운
베이즈통계학 입문

고지마 히로유키 지음
장은정 옮김
신국판 300쪽 값15,500원

비즈니스에 사용할 수 있는 베이즈통계는 인터넷의 보급과 맞물려 비즈니스에 활용되고 있다. 그중에서도 마이크로소프트 빌 게이츠는 일찍부터 베이즈통계를 비즈니스에 이용한 것으로 유명하다.

세상에서 가장 쉬운
회계학입문

이와타니 세이지 지음
이진주 옮김
신국판 184쪽 값12,000원

회계를 전혀 모르는 왕초보를 위한 회계 입문서다. 복잡하고 어려운 이론과 도표는 하나도 사용하지 않고 가장 단순한 장사의 기록과 회계공식 하나를 가지고 회계의 기본 개념을 설명하고 있다.